오십,

인생 후반의 즐거움을
준비하는 시간

오십,

인생 후반의 즐거움을
준비하는 시간

남은 삶을 행복하게 살기 위해   반드시 알아야 할 습관

지은이 양성필

포르*체

인생이란 연극은
딱 한 번만 공연할 수 있다

백 세 인생 시대, 축복일까 재앙일까

"All the world's a stage, and all the men and women merely players(세상은 무대이고, 사람들은 배우에 지나지 않는다)."

셰익스피어의 5대 희극 중 하나인 《뜻대로 하세요》에 나오는 대사처럼, 그는 인생을 자주 연극에 비유했다. 인간이 삶 속에서 느끼는 다양한 희로애락을 객관화하여 관객이 함께 보고, 듣고, 느낄 수 있도록 만든 연극은 확실히 여러모로 인생과 닮았다. 다만 인생은 다른 연극과 달리 딱 한 번만 공연할 수 있다는 가장 큰 차이점이 있다.

인생이란 연극에서 주인공을 맡은 배우는 물론, 극본을 쓰는 극작가와 극 전체를 지휘하는 연출가의 역할 모두 나의 몫이다. 내 인생을 단 하나의 색채로만 구성된 단막극으로 끝낼지 아니면 2막·3막의 다채로운 장막극으로 끌고 갈지 역시 오롯이 나에게 달려있다. 그런데 기대 수명이 점점 늘어나며 인생 2막은 선택이 아닌 필수가 되어가고 있다.

일본은 1963년 9월 15일을 '경로의 날'로 정하고 백 세를 맞이한 고령자에게 순은(純銀)으로 만든 술잔을 총리 이름으로 보냈다. 첫해엔 153명이 이 술잔을 받았다고 한다. 그런데 2000년대부터는 백 세를 맞는 고령자가 기하급수적으로 늘었다. 2003년에 1만 명, 2009년에 2만 명, 그리고 2015년에는 3만 명을 넘어섰다. 결국 2016년도부터 술잔의 디자인은 유지하되 원료를 동과 아연 등을 합금한 것으로 바꿨다고 한다. 인구 고령화로 인해 50여 년 만에 제도 운영에 큰 변화가 생긴 것이다. 그런데 지금 우리나라의 인구 고령화 속도는 일본보다 더 빠르다. 2021년 우리나라 국민의 기대 수명은 의료 기술의 발달과 식생활 개선으로 인해 10년 전보다 2.8년 증가했으며, 해가 갈수록 점점 길어지고 있다. 현재 나이가 60대라면 기대 수명을 구십 세, 50대라면 백 세, 40대부터는 그 이상의 나이라고 생각해도 전혀 무리가 아니라고 한다. 바야흐로 백 세 인생 시대가 도래한 것이다.

　과거에는 상상할 수 없었던 긴 수명이 걱정스러운가, 혹은 설레는가? 백 세 인생 시대에 대한 의견은 분분하다. 각종 기술의 발달에 힘입어 긍정적으로 바라보는 사람도 있다. 건강과 경제적 문제를 들어 너무 오래 사는 것을 우려하는 사람도 있고, 심지어 그렇게까지 오래 살고 싶은 생각이 없다고 말하기도 한다. 각자 지금껏 살아온 삶에 비추어 판단한 것이니 모두 일리가 있는 말이다. 그러나 분명한 것은 원하든 원치 않든, 우리는 앞으로 주어진 긴 시간을 어떻게든 살아야 한다는 점이다.

앞으로 남아 있는 긴 인생이 다소 막막하게 느껴진다면 이렇게 생각해 보면 어떨까. 우리 앞에는 살아온 날만큼 긴 스토리보드가 놓여 있다. 아직 아무것도 쓰이지 않은 무한한 가능성의 페이지다. 어떤 영화에든 기승전결이 있고, 책에도 챕터가 나뉘어 있으며, 스포츠 경기도 잠시 쉬었다가 경기를 재개하며 기막힌 반전을 끌어낼 때가 많다. 인생은 그보다 훨씬 더 길다. 조금만 상상력을 발휘한다면 우리는 인생의 후반부에 얼마든지 다양한 스토리와 하이라이트, 반전을 설계할 수 있을 것이다.

인생을 다시 시작할 수 있는 기회

새해가 다가오면 새로운 계획을 세우는 사람들이 많다. 사실 12월 31일이나 1월 1일이나 똑같은 해가 뜨고 진다. 그렇지만 사람들은 새로운 막을 열 수 있는 시기로 받아들인다. 어제의 나를 씻어 내고 새롭게 태어날 수 있을 것 같은 기대감으로 마음이 충만해지는 시기다. 인생 전체의 타임라인에도 다시 시작할 수 있는 타이밍이 있다. 바로 백 세 시대의 딱 절반, 오십 세다.

백 세 인생 시대에서는 50년쯤 방황하고 헤맨다 한들 지레 자포자기할 필요가 없다. 아직 인생의 후반전이 50년이나 남아 있으니 말이다. 산전, 수전, 공중전, 수중전까지 다 겪었던 50년을 바탕으로 충분히 전반전의 아쉬움을 만회하고 후반전을 준비할 수 있다. 전반전과 후반전 사이에 하프타임을 갖고 삶을 재충전하거나 리셋할 수도 있을 것이다. 완전히 다른 인생을 설계하여 삶에 변화를 주는 것도 좋은 방법이다.

내일이 어떻게 될지 알 수 없는 것이 인생이지 않은가. 심지어 당장 오늘만 해도 몇 시간 뒤 내게 무슨 일이 생길지 모른다. 그러니 백 세 인생 시대에는 속단하지 말고, 쉽게 포기하지 말고, 또 너무 일찍 실망하지도 말자. 이제 겨우 인생이라는 연극의 1막이 지나고 있을 뿐이다. 즉, 우리에게는 인생의 두 번째 파트를 살아볼 기회가 남았다는 의미이기도 하다. 선물처럼 주어진 인생 후반전을 이전과 똑같이 반복할지, 전혀 다른 모습으로 새롭게 살아볼 것인지는 선택하기 나름이다.

지금의 40~50대는 여태껏 살아온 삶의 방식과는 확연히 다른 방식으로 살아야 할 가능성이 높다. 장년기에서 노년기로 향하는 시간이 상당히 길어졌기 때문이다. 노후를 준비하지 않으면 위기를 마주했을 때 제대로 대처하지 못해 매우 당황스러운 상황이 생길 수 있다. 늘어난 삶은 경우에 따라 축복이 될 수도, 재앙이 될 수도 있다.

이에 대해 《100세 인생》[1]의 저자 린다 그래튼 교수는 기성세대에게 당연했던 '학업-직장-은퇴'라는 3단계 인생 모델은 의미를 잃었다고 말하기도 했다. 대학 교육까지 포함해 20여 년을 공부하고, 취업해서 30여 년을 일하고, 은퇴 후 10여 년간 유유자적하는 방식의 인생 설계가 더는 통하지 않게 되었다는 뜻이다. 물론 경제적 자립을 이뤄 자발적인 조기 은퇴를 꿈꾸는 파이어족이 추구하는 삶처럼, 단시간 내에 수십 년은 충분히 먹고살 만큼 경제적 자유를 얻은 사람도 있다. 그렇지만 나는 경제적 자유와 인생 2막을 살아가는 건 별개의 문제라고 생각한다. 재산이 아무리 많다고 해도 일하지 않고서는 건강하게 오래 살기 어렵기 때문이다.

인생 후반전은 물질적인 풍요도 중요하지만 동시에 행복하고 즐거워야 한다. 삶이 만족스럽고 자유로워야 한다. 하루하루 내가 이 세상 안에서 숨 쉬고 살아가고 있다는 에너지와 활기를 느껴야 한다. 그렇다면 앞으로 준비해야 할 중요한 과제는 이 질문이 될 것이다. 우리는 어떻게 살아야 하는가?

새로운 트렌드에 올라타자

《백년을 살아보니》[2]에서 김형석 교수는 노후에 아무 일이 없는 사람이 가장 불행하다고 말한다. 그는 행복한 노후를 위해 새로운 공부를 시작하거나 취미 활동, 봉사 활동 등 하나라도 준비할 것을 권한다.

물론 남은 여생을 사는 동안 자녀의 도움을 받겠다는 생각이 들 수 있다. 하지만 우리의 자녀 세대는 이미 그들 앞에 주어진 인생을 살기도 버겁다. 그들은 길어진 삶으로 인해 인생을 여러 번 재설계해야 하고, 평생 여러 개의 직업을 가지며 더 오래 일해야 할 것이다. 더군다나 그들은 '블랙 스완(도저히 일어나지 않을 것 같은 일이 실제로 일어나는 현상)'이라는 단어가 무색할 만큼 불확실한 시대를 살고 있다. 몇 년 전까지만 해도 마스크를 쓰고 일상생활을 하게 될 줄 꿈에서라도 상상해 보았겠는가.

그래서 백 세 인생 시대에는 인생 2막·3막을 내 의지대로 새롭게 꾸리려는 준비를 하는 것이 중요하다. "21세기 문맹인은 읽고 쓸 줄 모르는 사람이 아니라 배운 것을 잊고 새로운 것을 배울 수 없는 사람"이라는 앨빈 토플러의 말처럼, 이제 한 번 배운 지식만으로는 전체 인생을 감당할 수 없다. 변화를 받아들이고 새로운 지식을 끊임없이 배워야 하며, 스스로도 변화할 줄 알아야 한다. 40~50년간 열심히 살아온 경험과 노하우를 바탕으로 트렌드를 읽고 변화의 파도에 올라타야 한다.

트렌드를 읽을 수 있는 힘은 짧은 시간에 얻을 수 있는 것이 아니다. 한 박자 빠른 준비와 꾸준한 노력이 필요하다. 즐거운 인생 2막과 3막을 꿈꾸는 사람이라면 적어도 현재의 직장 또는 직업을 마무리하기 10~15년 정도 전부터 준비해야 제대로 된 인생 후반전을 설계할 수 있다. 인생 1막이 끝나는 시점에 바투 준비하면 실패할 확률이 높다. 나 역시 40대 중반부터 인생 2막을 고민하며 본격적으로 준비했다.

현재 직장 생활을 하면서 인생 2막을 준비하는 일이 결코 만만치는 않을 것이다. 내가 실천하고 있는 팁 한 가지를 소개하자면 '80:20 실천론'이다. 하루에 주어진 시간과 활용할 수 있는 에너지를 80대 20으로 나누어서 현재에 80을, 미래에 20을 투입하는 것이다. 이러한 실천법이 오늘과 내일을, 그리고 현재와 미래를 바람직하게 아우르는 하나의 방법이 될 수 있다.

시간과 에너지는 유한하고 사람마다 가용량이 다르다. 이를 자신에게 맞게 적절히 안배하는 것이 핵심이다. 한 번뿐인 인생, 되도록이면 후회 없이 살 수 있도록 인생의 후반전을 잘 준비해 보자. 인생은 우리가 마음껏 쓰고 연출하며 연기할 수 있는, 단 하나의 연극이다.

목차

2 | 건강한 삶

3 | 재미있는 삶

4 | 행복한 삶

5 | 더불어 사는 삶

1

도전하는 삶

어떤 새도 알 속에서는
하늘을 나는 법을 배울 수 없다

변화로 향하는 첫걸음을 내딛다

새가 하늘을 나는 법을 배우기 위해서는 알 속의 편안함
을 과감히 벗어던지고 알을 깨고 나오려는 용기가 있어
야 한다. 그래야 바깥 세상을 발견하고, 웅크렸던 날개를
펼쳐 다음 단계로 넘어가 진정한 삶을 찾을 수 있다. 사람
도 마찬가지다. 《탁월한 사유의 시선》³에서 최진석 교수
는 다음과 같이 말한다. 탁월한 인간은 항상 '다음'이나
'너머'를 꿈꾸지만, 동시에 '다음'이나 '너머'가 어떨지 알
수 없어서 불안하고 두렵다고 말이다. 하지만 그 불안함

을 견디지 못하고 편안함을 선택하면 절대로 '다음'이나 '너머'가 어떤 모습일지 영영 알 수 없다.

4차 산업혁명이라는 변화의 흐름 속에서 거의 모든 분야에 걸쳐 '디지털 선환'이 화두가 된 지도 꽤 많은 시간이 흘렀다. 더군다나 지난 3여 년간 전 세계가 코로나19로 인한 팬데믹을 겪었다. 팬데믹 기간 동안 디지털 문화의 확산에 가속도가 붙었다. 혹자는 코로나19가 사회 변화를 10년 이상 앞당겼다고도 한다.

내가 다니는 회사도 거센 변화의 바람을 피할 수 없었고, 급격히 경영 환경이 변화했다. 획기적인 탈출구가 필요하다는 데 모두가 공감했지만 지난 수십 년 동안 했던 일에 변화를 준다는 것이 결코 쉽지 않았다. 그러다 보니 어디서부터 어떻게 시작해야 할지 막막했다. 회사의 답답함은 고스란히 개인에게까지 전염되었고 그로 인한 스트레스가 날로 높아졌다. 아마 40~50대 직장인이라면 대부분 비슷한 상황일 것이다.

이런 상황을 겪다 보니 우선 나부터 변해야 한다는 생각이 점점 머릿속에 똬리를 틀기 시작했다. 무엇부터 시작해야 할지 업계에서 고수라고 불리는 사람들에게 묻거나 스스로 알아보기도 했다. 마침 내가 종사하는 산업의 트렌드에 대해 함께 공부하는 모임을 알게 되었다. 그래서 주저하지 않고 매주 수요일 저녁 시간을 할애했다.

사실 40대 중반의 나이에 갑자기 라이프스타일을 바꾸는 게 쉽지는 않았다. 하지만 온갖 유혹을 뿌리치고 단 한 번도 빠지지 않고 공부 모임에 참석했다. 세 시간 동안 열심히 메모하고 질문도 했다. 모임 날이 아닐 때에도 관련 정보를 더 찾아보고 책을 사서 읽는 등 적극적으로 새로운 지식을 습득하려 노력했다. 그로부터 3년 뒤에 내가 그 모임의 강사가 될 기회를 얻었으니 스스로 생각해도 대견한 일이다.

또 다른 노력으로 그 외에 몇몇 모임에도 꾸준히 참여했다. 그중 하나인 브랜딩을 공부하는 커뮤니티 '비마이비(Be My B ;)' 모임은 주로 토요일 오전에 진행했다. 마냥 무위도식했을 주말 오전 시간을 미래를 준비하는 시간으로 투자한 셈이다. 이 모임에 처음 참석했던 때의 기억이 아직도 생생하다. 내가 그 모임의 가장 연장자임은 물론이고 대부분의 참여자가 나보다 스무 살 가량 어리다 보니 내심 당황스러웠다. 하지만 이 모임에 꾸준히 나가니 적응할 수 있었다. 시간이 흐르며 젊은 사람들의 생각과 트렌드에 대해 많이 배웠던 소중하고 값진 시간으로 자리잡았다.

　이승엽 두산 베어스 감독은 "진정한 노력은 결코 배신하지 않는다."라는 말을 했다. 그 말을 믿고 따랐지만, 솔직히 이런나고 해서 얼마나 달라질지 불안한 마음이 남아 있었다. 그런데 2~3년 정도 꾸준히 모임에 참석하고 공부하니 막막했던 분야에 대해 점차 자신감이 붙기 시작했고 꽤 많은 인사이트가 생겼다.

시작이 막막한 이들을 위한 조언

흔히 백 세 인생 시대라고 하니 뭔가를 준비해야 할 것 같지만 당장 뭘 해야할지 막막하다. 남은 인생의 방향을 어디로 잡아야 할지, 그 길이 맞는지 틀린지, 또 내게 적합한지 아닌지 등 쉽게 결정할 수 있는 문제가 아니다. 각자 처한 상황도 다르고, 하고 싶은 분야도 다양해서 모든 사람들에게 다 적용할 수는 없지만, 내 경험을 바탕으로 세 가지 방법을 조언해 보고 싶다.

　첫째, 막연하게라도 하고 싶은 일이 있다면 그 분야

에 종사하는 전문가의 이야기를 최대한 많이 들어봐야
한다. 직접적인 만남도 좋고, 책이나 유튜브를 활용해 간
접적으로 그들의 이야기를 접해 보는 것도 좋다. 전문가
들은 내가 가려는 길을 먼저 가보고, 잘 닦아 놓은 사람들
이다. 굳이 내가 새로운 길을 개척하며 시간과 에너지를
소모할 필요 없다. 처음에는 알려진 기존 정보를 활용하
는 것이 지혜로운 방법이며, 새로운 길을 만드는 것은 나
중의 문제다.

둘째, 하고 싶은 일이 정해졌다면 해당 분야에 대한
집중적인 공부가 뒷받침되어야 한다. 우리가 인생의 1막
에서 직장 생활 또는 직업의 영위를 위해 수십 년에 걸쳐
시간과 노력을 투자했던 일을 생각해 보라. 인생 2막에
새로운 일을 시작하는 데에도 당연히 철저한 공부와 준
비가 필요하다. 세상에 공짜는 없다.

셋째, 설령 실패할지라도 일단 도전하는 것이 중요
하다. 한 걸음이라도 가봐야 그 길이 어떤지 알 수 있다.
가보지 않으면 아무 일도 일어나지 않는다. 그 길로 향하
다 보면 이 길이 옳다는 느낌이 오거나 혹은 또 다른 길
이 보일 수도 있다. 머릿속에서만 상상하고 행동에 옮기
지 않는다면 무엇이 옳은지 그른지 알 길이 없다. 현대그

룹의 창업자 故 정주영 회장이 이렇게 말씀하시지 않았는가. "이봐, 자네 해봤어?"

기회는 준비하는 자에게 찾아온다고 한다. 2016년에 회사 업부와 관련있는 산업의 디지털 생태계를 벤치마킹하고자 다른 회사에 파견 보낼 직원을 공모한 적이 있다. 상당 기간 타 회사에서 생면부지의 사람들과 같이 근무해야 했다. 게다가, 기존과 전혀 다른 업무를 수행해야 해서 말 그대로 '맨땅에 헤딩'해야 하는 상황이었다. 그러다 보니 모두 선뜻 나서지 못하고 술렁거렸다. 그 와중에 과감히 공모에 지원했고 최종적으로 나를 포함해 직원 두 명이 그해 파견 근무를 하게 됐다. 그 8개월간의 파견 근무 경험은 업무 성과를 얻는 데 그치지 않고 내 인생에도 엄청난 영향을 끼쳤다.

일단 의사 결정 과정이나 회의 문화 등 내가 속해 있던 조직과는 꽤 상이한 스타트업 조직 문화를 체험할 수 있었다. 이를 통해 소규모 팀별로 업무를 수행하는 애자일(Agile) 조직 문화에 대한 인사이트를 남들보다 빨리 얻게 됐다. 그것이 급변하는 세상에 대처하기 위해 얼마나 중요한지도 실감했다. 또한 평균 연령이 스무 살 가까이 차이 나는 직원들과 토론하고 협업하면서 사고방식이 이전보다 대폭 젊어졌다. 덕분에 꼰대의 길로 가는 속도를 좀 늦추었다고 생각한다. 어찌 보면 제일 큰 수확이다.

마지막으로, 지난 이십여 년 동안 내가 속했던 세계를 벗어나 새로운 세계를 접할 수 있었다. 전혀 다른 분야에 속한 사람들과의 교류를 통해 인적 네트워크가 퀀텀 점프하듯 확대됐다. 이를 계기로 두 세계를 직접 잇는 가교 역할을 시작할 수 있었다. 아무래도 양쪽 세계를 다 경험해 본 사람이 많진 않으니 나만이 할 수 있는 영역이 생긴 셈이다. 무턱대고 도전하지 않았다면 이 경험들을 접할 수 없었을 것이다. 낯선 변화를 기꺼이 맞이한 덕분에 내 세계는 그만큼 넓어졌다.

익숙함과 결별하고 일단 부딪혀 보자

《무엇을 버리고 무엇을 지킬 것인가》[4]의 저자 김낙회 前 제일기획 CEO는 결정적인 순간마다 늘 일곱 가지의 질문을 곱씹어 본다고 한다. 나는 그중에서 특히 "고민하고 있는 것인가, 회피하고 있는 것인가?"라는 질문이 가장 마음에 와닿았다. 각자 마음에 담아두고 자주 꺼내 봐야 할 질문이라고 생각한다. 적어도 새로운 도전을 시작할 때만큼은 득과 실을 요모조모 따져보는 '영악한 머리'보다, 뭐가 되었든 일단 부딪혀 보자는 '뜨거운 가슴'이 우선이라고 믿기 때문이다.

　나 역시 뭐가 됐든 한번 해 보자는 마음으로 도전했다. 과감하게 편안함이나 익숙함과 결별하기로 선택한 것이다. 처음 시작할 때 미래에 대한 담보나 성공하리라는 확신은 전혀 없었다. 하지만 스터디 그룹과 커뮤니티 참여, 스타트업 파견 근무, 디지털 분야 사람들과의 폭넓은 교류 등을 통해 포기하지 않고 꾸준히 노력했다. 그 덕에 지금까지도 내 삶에 '창조적 파괴'가 일어나고 있다.

무모해 보일지도 모르지만 일단 시작하는 순간 도전이 된다. 설령 실패하면 어떤가. 아직 인생의 후반전이 50년이나 남아 있다. 앞으로 펼쳐질 남은 미래를 나의 것으로 만드는 첫걸음은 머릿속에만 쌓이는 지식이나 화려한 말솜씨가 아니다. 바로 작은 것부터 실천하는 결단력 있는 행동이다. 빅토르 위고의 말마따나 미래는 여러 가지 이름을 가지고 있다. 약한 자들에게는 불가능이고, 겁 많은 자들에게는 미지(未知)이며, 용기 있는 자들에게는 기회다. 마음은 있지만 아직도 망설여진다면, 미국의 코미디언이자 영화배우인 루실 볼이 생전에 남긴 마지막 말을 떠올려 보는 것을 권하고 싶다.

"나중에 인생을 돌아볼 때 '젠장, 해 보기라도 할 걸'이라고 말하는 것보다는 '세상에, 내가 그런 짓도 했다니'라고 말하는 편이 낫다."

할 수 없는 이유가 아닌,
그럼에도 해야 하는 이유

더 나은 나보다 중요한 이유는 없다

살면서 흔히 저지르는 두 가지 실수가 있다고 한다. 하나는 아예 시작도 하지 않는 것이고, 다른 하나는 끝까지 하지 않는 것이다. 핑계 없는 무덤이 없다지만 우리는 평소에 너무 많은 핑계를 입에 달고 사는 것이 아닐까. 바빠서, 피곤해서, 먹고살기가 힘들어서, 부모님이 반대해서, 애들 키우느라, 주변 눈치가 보여서 등 이유도 다양하다. 모두 중요한 이유일 수 있지만, 반대로 생각해 보면 그럼에도 도전할 수 있는 이유가 있을 것이다.

정말 어찌할 수 없는 상황에 처했을 수도 있다. 하지만 도전할 수 있는데도 그 순간을 모면하기 위해 이 핑계, 저 핑계를 끌어오고 있지는 않은지 한 번쯤은 진솔하게 생각해 봐야 한다. 인생의 전반전에서 저지른 실수를 후반전에서 되풀이하고 싶지 않다면 말이다.

지난 시간을 되짚어 보면 분명히 후회했던 순간들이 적지 않을 것이다. 대표적으로 건강할 때 규칙적으로 운동을 시작했다면, 술을 적당히 마시고 일찍이 금연했다면 좋았을 거라는 생각을 나이 들면서 자연스레 하게 되지 않던가. 이미 많은 조언과 정보가 충분히 있지만 먹고 살기 바쁘다는 이유로 시간을 무기력하게 흘려보낸다. 건강을 잃으면 결코 이전의 삶으로 돌아갈 수 없다는 걸 알고 있으면서도 말이다.

만약 운전 중인 차에 기름이 떨어져서 경고등이 들어왔다고 하자. 그때도 이런저런 핑계를 대며 기름 넣는 것을 나중으로 미룰 것인가? 경고등이 켜지면 다른 일보다도 우선해서 늦지 않게 주유소로 가야 한다. 이 신호를 무시하고 목적지로 향하면 기름이 바닥나서 차가 멈춰 버리는 바람에 도착하기까지 훨씬 오래 걸린다. 인생도 마찬가지다. 인생에서 가장 중요한 가치를 정하고, 그것을 지키기 위해 노력하는 것은 내 삶이 지속적으로 달릴 수 있도록 제 때에 기름을 넣어주는 것과 같다.

오늘보다 나은 내일을 꿈꾼다면 '무엇 때문에'라는 핑계를 이기내고 '그럼에노 불구하고'로 생각과 행동의 패러다임을 바꿔야 한다. 인생의 전반전에서는 어쩔 수 없는 이유나 우선해야 하는 책임도 많았을 것이다. 후반전에서는 조금 다르게 살아 보는 건 어떨까. 나를 방해하는 이유는 과감하게 나중으로 미뤄두고, '그럼에도 불구하고'를 외치며 시도해 보자. 그것만으로도 삶이 조금씩 바뀌어 가는 걸 느낄 수 있을 것이다.

집요하게 긍정하자

J.K 롤링의 《해리 포터》 시리즈는 세계에서 가장 많이 팔린 책으로 다섯 손가락 안에 꼽힌다. 그런데 이 엄청난 시리즈가 세상에 나오기까지 무려 열두 곳의 출판사에서 퇴짜를 맞았다고 한다. 그녀가 실의에 빠져 출간을 포기했더라면 전 세계에 감동과 재미를 선사한 이야기를 접

하지 못할 뻔했다. 이외에도 여러 성공 사례를 살펴보면 눈부신 결실을 보기까지 실패를 겪는 것은 너무나 자연스러운 일이다. 방향이 틀리지 않았다고 믿는다면 몇 번의 실패에 포기하지 말고 끝까지 도전해야 한다.

실제로 평범한 수준의 재능을 갖고도, 때론 불우한 환경에서도 놀라운 성공을 일궈낸 사람들이 있다. 그들은 어떻게 자신의 한계를 극복하고 최고의 자리에 오를 수 있었을까? 《그릿》[5]의 저자 앤절라 더크워스는 성공의 비결은 재능이 아니라 '그릿(Grit)'이라고 부르는 열정과 끈기의 조합에 있다고 주장한다.

《그릿》에서 소개하는 성공한 사람들에게는 공통된 특징이 있다. 회복력이 강하고 근면하며 자신이 원하는 바를 깊이 이해하고 단호하게 나아간다는 점이다. 내일은 나아질 것 같다는 '느낌'이 아니라 더 나은 내일을 만들겠다는 '결심'이 그릿의 정도를 좌우한다. 막연한 행운은 우리가 바라는 성공을 만들어 주지 않는다.

우리는 무의식중에 "걱정 마, 내일이면 다 잘될 거야.", "내일부터는 좀 더 나아질 거야."라는 위로를 건넨다. 아마 99%는 기운을 차리라는 격려의 의미로 하는 말일 것이다. 그런데 여기에 그치지 않고 집요한 노력을 바탕으로 원하는 결과를 만들고야 말겠다는 '의지'와 '결심'을 담아 말하면 의미가 사뭇 달라진다. 나에게도 그런 그릇이 있는지 한 번쯤 생각해 보자.

그럼에도 불구하고 나아가기 위한 결심

'그럼에도 불구하고'를 지속적으로 견지하기 위해서는 몇 가지 충분조건을 갖춰야 한다. 첫째는 주도적인 시간관리다. 시간을 내 편으로 만드는 것이 가장 중요하다. 모든 일정을 다 통제할 수는 없겠지만, 적어도 큰 틀의 계획을 세우고 시간을 관리하려는 노력은 필요하다. 계속 시간에 끌려다니면 결국 항상 그랬듯이 '시간이 없어서'라는 핑계를 남발할 수밖에 없기 때문이다.

둘째는 긍정적이고 자발적인 태도다. 일뿐만 아니라 봉사 활동이든 취미 활동이든 매사에 진심을 담아 임해야 한다. 수동적·소극적으로 접근하는 태도와 능동적·적극적으로 접근하는 태도에서 비롯되는 결과물의 차이는 상상 이상으로 크다. 능동적·적극적인 태도로 내가 직접 선택해야 실패를 두려워하며 쉬이 도망가거나 포기하지 않고 열정과 의지를 발산할 수 있다.

셋째, 초심을 잃지 말아야 한다. 그러려면 이것을 시작한 이유와 지속하고 있는 이유를 거듭 되돌아봐야 한다. 중간에 뜻하지 않은 어려움을 마주하면 그로부터 벗어나고 싶은 욕구가 생기고 '그럼에도 불구하고'의 의지가 위태로워진다. 이럴 때 그 일을 하게 된 계기를 떠올리면 다시 마음을 다잡고 나아갈 수 있다. 그렇기 때문에 초심을 잊지 않도록 주기적인 되새김이 꼭 필요하다.

이제 우리 앞에 놓인 선택지는 두 가지다. 초심을 잃지 않고 계속해서 한 발짝씩 내딛거나, 안 되는 이유를 대며 제자리에 머무는 것. 소중한 내 인생을 일구기 위해 당신은 어느 쪽을 선택할 것인가.

너무 이르거나 늦은 때는 없다

최태성 역사 강사는 《역사의 쓸모》[6]에서 다산 정약용의 사례를 소개한다. 정약용은 종교가 천주교라는 이유를 빌미로 무려 18년의 귀양살이를 하고 가문은 거의 폐족이 되었다. 그러나 그는 출세의 길이 막혔다고, 폐족이 되었다고 손놓고 있지 않았다. 정약용은 형조에 기록된 몇 줄짜리 글로 평가받기를 거부하고 직접 남긴 글로 후세의 평가를 받으려 했다. 지금은 비록 죄인의 입장이지만 역사는 다르게 평가하리라는 믿음으로 글을 쓰고 또 썼다. 그가 귀양살이 동안 쓴 책은 《목민심서》, 《경세유표》, 《흠흠신서》, 《아방강역고》 등 무려 500여 권에 달한다.

지금 역사 교과서에 다산 정약용에 대한 설명을 살펴보면 죄인이 아닌, 조선 후기 실학을 집대성한 학자로 기록되어 있다. 그가 자신의 처지를 비관하여 아무것도 하지 않았다면 결코 이루어질 수 없었던 일이다. 이 또한 '그럼에도 불구하고' 정신의 발현이다.

자신이 심사숙고해서 내린 결정이라면, 적어도 다른 이 때문에 그 꿈을 포기하는 일은 없어야 한다. 그건 나를 위한 인생이 아닌, 남에게 보이기 위한 인생이다. 인생의 전반전이 그러했다면 후반전은 더더욱 그래서는 안 된다. 꿈을 이루는 데 있어서 이르거나 늦은 때는 없다. 모두에게 같은 시기에 기회가 주어지는 것이 아니기 때문이다.

물론 꿈이나 목표를 가지면 반드시 현실이라는 벽

에 부딪히기 마련이다. 더군다나 큰 꿈을 가진 사람에겐 더 높은 장벽이 다가올 수 있다. 꿈이나 목표를 갖지 않고 하루하루를 흘려보내는 것이 더 편하고 안락하게 느껴질 수도 있다. 그러나 벽을 넘어 보는 경험을 하지 않으면 그 앞에서 몇 번이고 멈춰 서게 된다. 작은 벽이라도 일단 넘어서는 성취감을 맛보면 그것이 인생을 얼마나 더 풍요롭게 바꾸는 경험인지 깨닫게 될 것이다. 단 한 번이라도 좋다.

영국의 문인 버나드 쇼는 "나는 10번 시도하면 9번 실패했다. 그래서 늘 10번 시도했다."라는 말을 남겼다. 그의 말처럼 실패를 두려워하지 말고 '그럼에도 불구하고'로 살아보면 어떨까? 인생의 후반전에는 주도적인 시간 관리, 긍정적이고 자발적인 태도, 초심을 잃지 않는 습관을 만들어 보자.

절대 배신하지 않는
백 세 인생 시대의 재테크

노후를 위한 투자는 선택 아닌 필수

한 유튜브 채널에 출연한 적 있었다. 데이터 관련 일을 하는 사람과 인터뷰하는 콘텐츠였는데 마지막에 사회자가 이런 질문을 던졌다. "딱 한 가지 유용한 데이터를 받아 볼 수 있다면 어떤 종류의 데이터를 원하는가?"

망설임 없이 이렇게 답했다. 나의 예상 수명과 재무 상태를 결합한 데이터를 받아보고 싶다고. 이유는 간단하다. 평균 기대 수명은 점점 늘어가고 있는데, 문제는 내가 언제까지 살지 모른다는 점이다. 앞으로 몇 년에 걸쳐 얼마나 소비하며 살아야 할지 모르니 적절한 지출 수준을 정하기가 애매하다. 내가 몇 살까지 살지 예상할 수 있다면 재무 관리가 훨씬 명료해질 텐데 말이다.

한때 인생은 한 번뿐이니 마음껏 즐기고 살자며 '욜로'를 외치는 라이프 스타일이 유행했다. 하지만 마냥 자유롭고 충동적으로 살기엔 노후에 곤란한 상황을 마주할 수 있다. 물론 반대로 너무 아끼기만 하다가는 인생을 뜻대로 즐기지 못해 억울할 수도 있을 테니 참으로 어려운 문제다.

기본적으로 노후를 위한 투자는 선택이 아닌 필수의 영역이다. 노후 자산이 부족하다면 어쩔 수 없이 한정된 자산을 잘게 쪼개며 불안한 삶을 영위하게 될 테니 말이다. 그래서 부동산을 비롯한 유무형의 자산 투자, 각종 연금과 보험 등 안정적인 노후를 위한 재테크 방식을 다방면으로 고민하는 사람들이 많을 것이다. 나도 물론 최소한의 연금과 보험을 들어 놓고 있다. 그외에도 나만의 투자 원칙이 있다. '이게 재테크라고?' 싶을 수도 있지만 그 무엇보다도 중요하다고 생각하는 나만의 방법을 공유하고자 한다.

인생 후반을 위한 나만의 네 가지 투자법

나는 노후를 고려하여 40대 중반부터 인생의 네 가지 부문에 집중 투자를 해왔다. 의미 있는 인생 2막을 위한 '자기 계발', 삶의 질을 높이기 위한 '건강 관리', 다양한 분야의 '사람', 그리고 즐거운 삶을 위한 '취미 활동'에 대한 투자다. 금융과는 거리가 먼 항목들이라 의아하겠지만 이는 궁극적으로 내게 중요한 투자 원칙이다.

먼저 자기 계발에 대한 투자를 아끼지 않아야 하는 이유는 직장 생활이 유한하기 때문이다. 가장 좋은 재테크 방법은 직장을 1년이라도 더 다녀 안정적인 급여를 받는 것이라고 하지 않던가. 그런데 직장 생활은 내 임의로 결정할 수 없고, 또 무제한으로 늘릴 수 없다. 그렇기 때문에 예전처럼 직장을 '평생 직장'이 아니라 직업의 개념으로 바라봐야 한다. 인생 2막과 3막에서 지속적으로 수입을 창출할 수 있는 직업을 마련한다면 이것만큼 최고의 재테크는 없을 것이다. 즉, 소득이 발생하는 기간을 최대한 늘리는 것이 자기 계발의 핵심 목적이라고 할 수 있다.

그 직업은 지금까지 해왔던 일의 연장선상에서 찾을

수도 있고, 전혀 다른 분야에서 찾을 수도 있다. 나는 한국어교원 자격증과 다문화사회전문가 수료증을 획득해 지금까지와는 전혀 다른 인생을 준비하는 중이다. 향후 해외에 있는 세종학당에 나가 한국어교원으로 활동하는 꿈을 이루기 위해 외국어 공부도 손에서 놓지 않고 있다.

더불어 자격증보다 더 중요하게 여기는 자기 계발 활동은 독서다. 급변하는 세상에 대한 통찰력과 아이디어를 얻기 위해 매년 50권 내외의 책을 읽는다. 독서는 삶에 대한 지식과 지혜를 얻을 수 있는 최고의 자기 계발 활동이라 생각한다. 그래서 나는 책을 읽고 나면 항상 독서 기록을 남겨서 강의 자료나 글쓰기에 활용하기도 한다. 독서는 모든 활동의 자양분이 된다.

두 번째로 나는 건강 관리에 매우 진심이다. 건강하지 않으면 기본적으로 삶의 질이 낮아진다. 아픈 몸으로는 어떤 활동을 제대로 하기 어려워 모든 일에서 의욕이 감퇴될 수밖에 없다. 그래서 40대부터 등산, 걷기 등의 운동을 꾸준히 하고 있다. 추가로 모든 성인병의 시발점인 비만을 방지하기 위해 식단도 꽤나 엄격하게 관리하고 있다.

2019년을 기준으로 우리나라 국민의 1인 평균 본인

의료비 부담액이 73만 원이라고 한다. 평균 금액이니 실제로 부담하는 금액은 더 큰 차이가 있을 것이다. 문제는 연평균 증가율이다. OECD 평균 증가율이 4.4%인데 비해 우리나라는 그 두 배 수준인 8.7%이다. 급속도로 진행되는 인구 고령화의 영향이 큰 것으로 보이며 이 수치는 당분간 계속 증가할 가능성이 크다.

인생의 후반전에서는 지속적인 수입의 창출 못지않게 비용의 최소화가 중요하다. 섭생법(攝生法)이라는 말이 있다. 병에 걸리지 않도록 건강 관리를 잘해서 오래 살기를 꾀하는 방법이란 뜻이다. 보험이 모든 병원비를 전부 대체할 수도 없을뿐더러 삶의 질을 보장하지 않는다. 따라서 지속적이고 체계적인 건강 관리를 통해 의료비 지출을 최소화하는 것 역시 하나의 중요한 재테크 수단인 셈이다.

셋째로 다양한 분야의 사람에게 투자한다. 이때 투자한다는 것은 돈을 소비한다는 의미가 아니다. 시간과 관심, 그리고 애정을 투자하는 것이다. 사회생활을 하다 보면 자연히 다양한 관계가 만들어지게 된다. 보통 비즈니스 관계는 거래가 끊어지면 자연히 멀어질 확률이 높다. 하지만 서로 신뢰와 우정을 주고받는 관계라면 거래 여부와 상관없이 길게 이어질 수 있다. 가능한 여러 분야에 걸쳐 관계의 폭이 넓을수록 좋다는 건 말할 것도 없다.

인생이 길어진 만큼 우리 삶에 다양한 이유로 얽히는 사람들도 많다. 적시 적소에 필요한 도움을 주고받을 수 있는 친구는 큰 자산이다. 그 사람이 없을 경우에 투입되는 물리적 시간과 금전적 비용을 생각하면 사람들과의 관계를 관리하는 것도 엄청난 재테크 수단이다. 인간은 혼자 살아갈 수 없는 데다 사회가 점점 복잡하게 변하면서 내가 직접 해결할 수 있는 영역이 줄어들고 있다. 하지만 내가 알지 못하는 분야에 종사하는 전문가 친구가 있다면 든든한 조력자를 두는 셈이다. 종잣돈을 모으는 것처럼 인생 2막의 삶을 함께 나눌 수 있는 사람을 다양하게 사귀어 보자. 신뢰를 기반으로 한 인간관계는 무엇도 대체할 수 없는 소중한 자산이다.

마지막으로 나는 삶에 재미를 더할 수 있는 여러 취미 활동에 적극 투자하는 편이다. 취미 활동은 앞서 언급한 자기 계발과도 밀접한 관련이 있으며, 건강 관리에도 대단히 긍정적인 영향을 끼친다. 노후에도 열정을 담아 활발히 움직일 때 건강이 유지되니 말이다. 즐거움을 함께 공유할 수 있는 사람과 교류하며 에너지를 얻는다면 더할 나위 없다.

얼마 전 영상 촬영을 위한 고프로(GoPro) 카메라를 샀다. 그동안 전국에 이름난 걷기 코스를 다니면서 사진으로만 그 기록을 남겼는데, 이제는 영상으로도 기록을 남겨볼 생각이다. 틈나는 대로 영상을 편집하며 준비한 후 적당한 시기에 유튜브 채널을 운영하겠다는 계획을 세웠다. 이후에는 더 획기적인 영상을 위해 드론도 구입하려고 한다. 생각만 해도 마음이 설렌다.

'취테크'라는 말을 들어본 적이 있는가? 요즘 MZ 세대 사이에서 취미를 통해 재테크까지 하는 것이 하나의 트렌드로 자리 잡으며 생겨난 신조어다. 내가 즐기면서 하는 활동이 돈까지 벌게 해 준다니, 정말 기분 좋은 일이다. 취테크의 분야는 무척 다양하다. 신발·의류 등 한정판 제품을 활용한 리셀 테크, 다육식물 또는 나무를 키워서 파는 것, 희귀한 장난감을 활용한 키덜트 재테크 등등. 취테크라는 말도 생경하지만 그 분야가 이처럼 다양하다는 것이 더욱 놀랍다. 장난감을 사 모았다가 되파는 것까지도 돈벌이가 된다니 말이다.

나의 또 다른 취미는 그림을 그리는 것인데, 내가 그린 강아지 그림을 본 누군가가 강아지 초상화 사업을 같이 하자고 제안한 적이 있다. 강아지 초상화 시중가를 알아보니 제법 구미가 당긴다. 지금은 100개의 초상화를 그려서 선물하는 프로젝트를 진행하고 있기 때문에 이 작업이 끝나면 곰곰이 생각해 볼 계획이다.

요즘 X2E(X to Earn)이라는 활동도 유행하고 있다. X2E는 'X하면서 돈을 버는 것'을 뜻하는 신조어다. 게임, 걷기 등 미션을 수행하고 금전적 보상을 얻는 것인데 SNS에서 자주 접할 수 있다. 내가 걷기 마니아라서인지 내 SNS 피드에는 유독 걷기와 관련된 이벤트가 많이 눈에 띈다. 아직까지 X2E 활동에 직접 참여한 적은 없지만, 이전에는 상상도 못했던 다양한 돈벌이 수단에 새삼 놀라울 따름이다. 앞으로도 얼마나 새롭고 다채로운 취테크 방식이 쏟아져 나올지 기대된다.

가장 확실하고 안전한 재테크 방법

인생 후반전에 안정적인 생활을 영위하기 위해서는 무엇보다 최소한의 수입을 확보해야 한다. 아무리 아껴 쓴다 하더라도 아무런 수입 없이 수십 년을 산다는 것은 어불성설이다. 그것은 물리적으로도, 심리적으로도 불가능한 얘기다. 계속 줄어드는 통장 잔고를 마냥 편하게 바라볼 수 있는 사람이 얼마나 있겠는가? 그렇다고 막연한 '한 방'을 노리고 수십 년 동안 힘들게 모은 돈을 잘 알지 못하는 주식이나 코인 등에 투자하는 것도 안전한 미래를 보장해 주는 길이라고 보기 힘들다.

사실 인생 2막·3막에서는 많은 수입을 창출하려고 애쓰지 않아도 된다. 가족을 부양해야 하는 시기가 지났기 때문에 하고 싶은 일을 하면서 내 한 몸을 건사할 정도면 충분하다. 애초에 정답이라고 단정할 수 있는 재테크 방법은 없다. 다만 상황과 취향에 맞게 차차 준비하길 바란다.

특히 수입을 만드는 데만 공들이지 말고 비용을 최소화하는 방법도 같이 알아보길 권장한다. 앞서 소개한 재태

크 방법 중 자기 계발과 건강 관리는 꼭 염두에 두고 실천하는 게 좋다. 이 두 가지는 서로 밀접하게 연결되어 있다. 건강한 몸과 마음이 바탕이 돼야 자기 계발에 적극적일 수 있고, 마찬가지로 자기 계발 활동을 열심히 하다 보면 자연스럽게 건강 관리에도 긍정적인 영향을 미친다. 두 분야의 상호작용으로 경제적인 도움을 얻는 것은 덤이다. 이처럼 자기 계발과 건강 관리는 상호 보완적이기도 하고 실과 바늘처럼 뗄 수 없는 관계이기도 하다.

하늘은 스스로 돕는 자를 돕는다고 한다. 가만히 손놓고 시간이 흘러가는 것을 두고 보는 것보다 일단 뭐라도 하는 게 낫다. 내가 어찌할 수 없는 영역에 투자해 불확실한 보상을 기대하기 보다는 나 자신에게 투자해 확실한 보상을 바라는 게 더욱 든든하지 않을까. 미래는 내가 마음먹기 나름이다.

내 인생의 전성기는
아직 오지 않았다

사주 풀이가 전한 인생 전성기

내 인생에 쨍하고 해 뜰 날은 언제쯤 오는 걸까? 이번 생에 그런 날이 오기나 할까? 백 세 인생 시대 후반전에도 아무런 반전이 없으면 어떻게 해야 하나. 앞만 보고 냅다 달렸던 40대까지는 이런 생각을 그다지 해보지 않았다. 그런데 50대에 들어서고부터는 반복되는 일상과 불확실한 미래로 인해 한편으로는 답답함을, 다른 한편으로는 불안감을 자주 느꼈고, 그 강도도 점점 강해졌다.

무언가 총체적으로 꽉 막힌 듯한 느낌인데 뾰족한

탈출구가 보이지 않아 암울했다. 정해진 답이 없다는 사실을 알면서도 마치 어디엔가 있을 정답을 찾아 헤매는 이율배반적인 상황을 끊어내기 어려웠다. 비슷한 고민을 털어놓는 또래 친구와 같이 그 정답을 찾아보려 머리를 싸매기도 했다. 체중의 천 배쯤으로 느껴지는 삶의 무게를 견디자니 웃는 날보다는 찌푸린 날이 많을 수밖에 없었다.

나는 평소 점이나 사주 풀이에 대해 거의 관심이 없었다. 운명을 스스로 개척하겠다는 소신과 배짱이 있었기 때문이다. 그런데 몇 년 전부터 점이나 한번 봐볼까 하는 생각이 꿈틀거렸다. 이 답답함의 탈출구는 어디에 있는지, 해방의 날은 언제 오는지에 대한 조급증이 일었던 것 같다.

그러다 한 사주 풀이 앱이 꽤 정확하다는 입소문을 들었다. 몇 가지 개인 정보를 입력하니 능력, 재물, 애정, 건강 등 네 가지 카테고리로 나누어 운세를 상세히 설명해줬다. 50년 넘게 살아온 삶을 비춰 보니 제법 그럴싸하다. 사주 풀이에 따르면 내 인생의 전성기는 50대였다. 이때 가장 큰 직책과 명예를 얻고, 사회적으로 운신할 수 있는 폭과 분야가 늘어나며 경제적으로도 가장 많은 자산을 쌓을 수 있다고 한다.

그런데 곰곰이 생각해 보니 하나 마나 한 얘기 같다는 생각이 들었다. 대부분의 사람들은 직업적으로나 경제적으로 점점 발전하다가 50대쯤 이르러 전성기를 맞이할 것이기 때문이다. 애당초 사주 풀이에 큰 기대를 하지는 않았기에 실망하지는 않았다. 오히려 미래는 내가 꿈꾸고 노력해서 만들기 나름이라는 원래의 신념만 더 굳건해졌다.

내 인생의 그래프는 어떤 모양일까

에이징 커브(Aging Curve)라는 말이 있다. 미국 프로야구 메이저 리그에서 처음 나온 개념인데 나이에 따른 운동선수의 능력치를 나타낸 그래프다. 개인별 차이는 있지만 모든 운동선수는 일정 나이가 되면 운동 능력이 저하되어 기량이 하락한다. 그래프를 살펴보면 보통 27~28세가 야구선수로서의 최전성기라고 한다.

실제로 영국 프리미어 리그에서 뛰고 있는 축구선수들의 데이터를 분석한 결과, 포지션마다 약간의 차이는 있지만 대략 26~28세가 기량이 절정인 나이라고 나타났다. 한편 신체적 운동 능력에 크게 의존하지 않는 바둑도 20대 초중반이 전성기라고 한다. 신체 능력뿐만 아니라 두뇌 능력도 가장 능력치가 좋은 시기가 있다는 뜻이다. 2022년 기준 바둑 세계 랭킹 1위인 신진서 9단은 당시 우리 나이로 23세였다.

직업에 따라 조금씩 다르지만 운동선수가 아닌 사람들도 '전성기'라 부를 수 있는 시기가 있을 것이다. 그런데 여기에 평균 기대 수명의 증가라는 변수가 추가됐다. 인생을 1막으로만 꾸려도 충분했던 시대에는 직업의 전성기와 삶의 전성기가 밀접한 관계를 맺었다. 하지만 앞으로의 시대에서는 그렇지 않을 가능성이 크다.

내가 인생 후반전에서 선택한 일에 따라 제2의 전성기, 제3의 전성기를 맞이하면 에이징 커브 역시 얼마든지 다른 형태를 그릴 수 있기 때문이다. 혹은 성취한 결과가 드러나는 활동이 아닌, 봉사 활동처럼 그 자체가 의미 있는 일에 중점을 둔다면 에이징 커브가 적용되지 않을 수도 있다. 따라서 이제는 인생의 전성기 역시 재해석·재정의될 필요가 있을 것이다.

지금 내가 부수적으로 하는 그림 그리기의 전성기는 언제쯤일지, 앞으로 얼마나 오랫동안 더 그림을 그릴 수 있을지 당장으로서는 전혀 알 수가 없다. 또 지금은 초상화를 그리고 있지만 100개의 초상화 선물하기 프로젝트를 달성한 이후엔 풍경 스케치를 배울 계획이다. 붓을 들 힘만 있다면 다양한 그림을 그릴 수 있을 것이고, 그에 따라 실력도 늘 것이다.

한국어교원 활동도 마찬가지다. 강의할 체력만 있으면 앞으로 쭉 지속할 계획이니, 경험이 쌓일수록 교수 역량도 배가될 것이 틀림없다. 실제로 내가 일요일마다 찾는 센터에는 나보다 연령이 훨씬 높으신 한국어교원 분들도 많다. 즉 나의 전성기는 아직 지나가지 않았고, 여전히 갱신되는 중이다.

누구나 슬럼프를 마주한다

아이러니하게도 전성기를 이야기할 때 함께 언급되는 것이 바로 슬럼프다. 슬럼프는 언제든 불쑥 찾아올 수 있다. 주변 환경 등 타의에 의해서, 내 실수로 인해서, 때로는 분명한 원인도 없이 갑자기 내 삶을 파고들기도 한다. 슬럼프는 누구에게나 닥칠 수 있다. 예고 없이 왔다가도 소리소문도 없이 지나간다. 다만 나타나는 때와 지나가는 때가 언제인지 예측할 수 없기에 다들 슬럼프에 빠지면 그토록 힘들어하는 것이다.

딱히 정형화된 공식이 있는 것은 아니지만, 슬럼프에서 탈출하는 첫걸음은 일단 슬럼프를 인지하는 것이다. 슬럼프를 겪고 있다는 사실을 깨닫지 않으면 그로부터 탈출하기도 쉽지 않다. 그리고 슬럼프 상황에서 벗어나려면 내가 무엇을 해야 하는지, 또 할 수 있는 건 무엇인지 스스로 물어보고 답하는 과정이 매우 중요하다. 해봤자 어차피 안 될 것이라는 생각은 절대 금물이다.

나는 쉰 살에 극심한 슬럼프를 겪었다. 여러 가지 복합적인 상황이 폭발하듯 갑자기 나타나서는 뿌리부터 나를 흔들어 댔다. 매일 밤 끝이 보이지 않는 터널 속에 갇힌 듯한 느낌이었다. 그 속에서 어디로 가야 할지 도무지 갈피를 잡을 수가 없었다. 이로 인해 편하게 잘 수조차 없는 나날이 상당 기간 지속됐다.

수많은 방황과 자문자답 끝에 찾은 실마리는 일단

무조건 한 방향으로만 가 보자는, 단순하고도 무모한 결심이었다. 언제가 될지는 모르지만 분명 모든 일에는 끝이 있는 법이니 일단 방향을 정하고 그 방향으로 계속 걸었다. 다음날 밤이 되면 기억을 되살려 어제 걸음이 멈춘 곳부터 또다시 시작했다. 물론 실제로 걸었던 것이 아니라 생각의 걸음이자, 마음의 걸음이다.

마음속 어두운 터널을 빠져나오기 위해 정신적으로 노력하는 데 그치지 않았다. 신체를 단련하기 위해 매일 10km 정도를 걸었고, 정서적 안정과 마음의 단련을 위해 그림을 그리고 명상을 시작했다. 그렇게 몇 달 동안 노력한 끝에 드디어 어둠의 터널을 벗어날 수 있었다. 그와 동시에 내 인생의 전성기라고 부를 수 있을 만큼 행복한 시기가 찾아왔다. 이 글을 쓰고 있는 지금, 나는 더할 나위 없이 행복하다.

전성기를 지속하는 방법

흔히들 인생을 계절에 비유한다. 그렇다면 백 세 인생 시대의 계절은 어떻게 흘러갈까. 아마도 봄은 새싹이 돋아

나듯 배우고 성장하는 20대 즈음, 여름은 직업을 갖고 왕성한 사회 활동을 하는 30~40대, 가을은 열심히 살아온 인생의 결실을 맺고 어느 정도 삶의 여유를 즐길 수 있는 50~70대, 겨울은 내가 걸어온 인생을 정리하고 마무리하는 80대 이후가 아닐까 한다.

이 계절의 흐름 속에 인생의 전성기는 언제일까? 사람에 따라 누군가는 20대를 전성기로, 다른 누군가는 30~40대를 전성기라고 여기기도 한다. 나는 개인적으로 삶에 대한 결실과 경제적인 여유가 영글어지는 50대가 전성기의 시작이라고 생각한다. 꼭 나이와 상관없이 누구나 한 번쯤, 아니 그 이상으로 삶에 있어 최고라 느껴지는 시기가 있으리라. 그 순간은 어쩌면 바로 지금일 수도, 이미 지나가 버렸을 수도, 혹은 아직 오지 않았을 수도 있다. 다만 전성기는 영원하지 않다. 달이 차면 기울듯 전성기 뒤에는 쇠퇴기가 수반된다. 그것이 자연스러운 인생의 법칙이다.

그러나 누구나 전성기를 오래 누리길 바랄 것이다. 나 역시도 마찬가지이기에 두 가지 방법을 실천하고 있다. 한 가지는 어제보다 나은 오늘을, 오늘보다 나은 내일을 위해 꿈꾸고, 노력하고, 도전하는 것이고, 다른 한 가지는 매일을 소중하게 생각하면서 행복하게 보내는 데 집중하는 것이다. 50살이 된 이후부터 이 두 가지 가치관으로 삶의 마디마디를 연결하고자 노력하고 있다.

'회사 일이 최우선'이라는 신념으로 직장과 나의 삶을 동일시하는 생각은 이미 구시대적인 발상으로 취급받고 있다. 워라밸(일과 삶의 균형)을 추구하는 삶은 더 이상 MZ세대만의 이야기도 아니다. 오히려 퇴직 이후 또는 인생 2막에서 더욱 왕성하게 활동하고 있는 중년들도 많다. 한 번뿐인 삶을 그저 직장이라는 틀로 제한해 버리면 은퇴 이후 공허함에 시달릴 수 있다. 우리는 지금 다니는 직장을 평생 다닐 수도 없고, 직장은 퇴직 이후의 삶을 끝까지 책임지지 않는다.

그러니 삶에 대한 열정을 잃지 말자. 인생의 전성기를 유지하고 또 제2, 제3의 전성기를 누리겠다는 생각으로 백 세 인생 시대를 맞이하자. 인생의 후반전에는 내가 그림의 소질을 쉰 살에서야 발견한 것처럼 뜻밖의 재능을 발견하고, 새로운 삶을 살며 인생의 또 다른 정점을 경험할지도 모른다. 이미 내 삶에서 가장 빛나는 시간이 지나가 버렸다고 포기한다면 아직 남아 있는 가능성의 씨

앗들이 너무 아깝지 않은가.

　모든 일은 시작보다 끝이 훨씬 더 중요하다. 인생도 마찬가지다. 아무리 인생의 전반전에 큰 성공을 이루고 잘 살았더라도 인생의 후반전을 망친다면 그것은 불행한 삶이다. 반대로 이전의 삶이 그다지 만족스럽지 않았을지언정 남은 삶을 잘 살았다면 그것은 행복한 삶이다. 사람은 마지막 경험과 기억을 더 중시한다. 끝이 좋으면 다 좋다는 말이 괜히 있는 것이 아니다.

　뉴욕 양키즈의 전설적인 포수 요기 베라가 남긴 말처럼 끝날 때까지는 끝난 게 아니다. 인생의 전성기가 아직 남아 있다는 마음으로 하루하루를 소중히 여기고, 행복하게 최선을 다하자. 오늘은 앞으로 남은 내 인생의 첫날이다.

한국재무설계(주) 대표이사

최병문

[호기심 인터뷰 ①]

백 세 인생 시대의 노후 대책,
어떻게 해야 할까?

재무설계라는 말이 어렵다. 쉽게 설명해 주신다면?

수입이 있든 없든 돈은 늘 필요하다. 재무설계란 돈이
필요할 때 그만큼 있도록 만드는 것이다. 특히 지금은
백 세 인생 시대를 거론할 만큼 평균 기대 수명이 크
게 늘었다. 직장에서 은퇴한 이후 30~40여 년의 노후

최병문 | 웰스매니지먼트학 석사 학위를 취득하고 지금은 공공정책학 박사 과정을 밟고 있다. 푸르덴셜생명 라이프 플래너 출신으로 현재 재무설계 전문 회사인 한국재무설계 대표로 활동 중이다.

생활에 대해 정교한 재무설계가 필요한 시점이다.

재무설계에는 어떤 내용들이 포함되는가?

크게 세 가지 측면으로 볼 수 있다. 첫 번째는 노후 생활에 필요한 적정 수준의 자금 확보다. 국민연금, 연금저축, 금융 자산, 부동산 등 총 자산이 얼마인지 파악하고, 이에 근거해서 한 달에 얼마나 소비할 수 있는지 가늠하는 것이 재무설계의 출발점이다. 총 자산이 예상 소비 규모에 비해 부족하다면 자산을 보충할 방법을 마련해야 한다.

두 번째는 발생할 수 있는 위험에 대한 대비다. 아무래도 치매를 비롯해 건강과 관련된 부분이 크다. 특히 간병과 요양에 대한 부분을 잘 고려해야 한다. 자칫 배우자와 자녀에게 경제적으로, 심적으로 과한 부담을 안겨줄 수 있기 때문이다. 가능하다면 재난 상황과 같은 외부적 위험 요소에 대해서도 대비하면 좋다.

세 번째는 죽은 후 남은 재산의 처분이다. 제일 좋은 방법은 미리 정리해서 자녀에게 물려줄 수 있는 부분은 물려주고, 남은 건 자신이 모두 소비하는 것이다. 미리 대비하지 않으면 사후에 정리가 안 되는 경우가 있다. 특히 지금 사는 집을 물려줄 생각은 하지 않는 게 좋다. 재산의 절반 가까이가 세금으로 나가기 때문이다.

노후에 한 달 생활비는 어느 정도로 생각해야 하는가?

중산층 부부를 기준으로 수도권에서 생활을 하는 데 보통 300만 원 정도 필요하다고 본다. 하지만 실제로 재무 상담을 해보면 300만 원도 부족하다는 반응이 많다. 수도권에서 살면서 나름의 취미 활동까지 즐기는 걸 고려하면 월 400만 원 정도는 확보하는 것이 좋다. 지방에 거주하는 경우는 이보다 조금 낮게 잡아도 괜찮다.

재무설계에서 가장 중요한 건 현금 흐름 관리다. 연간·월간 예산을 잡을 때 재산세, 자동차세, 경조사비 등 고정 지출비에 관한 내용도 당연히 포함해야 한다. 그리고 예산에 근거해서 돈을 쓰는 습관을 들이는 것이 매우 중요하다. 즉흥적으로 소비하다 보면 예산이 고갈되어 자칫하다간 회복 불능의 상황에 이를 수도 있다.

직장 생활을 하다 보니 퇴직연금이 있는데 DB형(확정급여형)과 DC형(확정기여형) 중에 어떤 것을 선택하는 것이 좋은가?

퇴직금은 지금 수중에 있는 돈이 아니라는 생각에 퇴직이나 임금피크제 전환 직전에서야 관심을 가지는 직장인들이 많다. 이런 생각을 탈피하고 발상을 전환할 필요가 있다. 직장에서 급여가 줄어드는 임금피크제 전환 시점에서는 DC형으로 바꿔야 한다. 하지만 그에 앞서 자산을 적극적으로 운용해 가용 자산을 늘려가는 방법을 권하고 싶다. 자산운용사에서는 퇴직연금을 운용할 수 있는 다양한 상품이 있고, 컨설팅을 포함한 여러 가지 서비스도 제공한다. 안정을 추구하면서도 임금 상승률 이상의 수익을 낼 만한 적절한 상품을 찾아 선택하는 것이 좋다. 잘 모른다고 나중으로 미루지 말고, 최대한 빨리 재무 상담을 받길 권한다.

자녀 뒷바라지 다 해놓고 돌아보니 30년 직장 생활 끝에 집 하나만 남았다고 생각하는 사람이 많다. 집을 노후 대책으로 어떻게 활용해야 하는가?

노후에 고정적인 수입 없이 집을 보유하고 있으면 매년 내야 할 세금이 부담인데다, 나중에 자녀가 내야 할 상속세 문제도 무시하지 못한다. 그래서 공시가 기준으로 9억 원까지 적용되는 주택연금을 활용하는 방법을 권하고 싶다. 주택연금을 신청하면 30%까지의 재산세 감면 혜택이 있고, 주택연금으로 받는 연금액은 건강보험료를 산정할 때도 반영되지 않는다. 그래서 주택연금은 노후 생활 설계에 상당히 훌륭한 수단이다. 은퇴 이후에 굳이 도심 속 비싼 집에 살아야 할 이유가 꼭 있는지 한 번 고민할 필요도 있다. 지금의 인구 감소 추세를 보면 집값이 계속 오를 수 없는 구조다. 적절한 시점에 집을 처분해서 노후를 좀 더 즐겁게 사는 방법, 미리 자녀에게 증여하는 방법 등을 고려하는 것이 바람직하다.

도심과 좀 떨어진 지역에서 전원생활을 즐기며 여유
롭게 사는 것에 대한 의견은?

은퇴 이후 어떤 활동을 할 것인가에 따라 다르게 바라
볼 수 있지만 큰 틀에서는 동의한다. 다만 거주 지역
을 고를 때 문화 인프라, 교통 접근성, 병원, 편의시설
등을 충분히 고려해야 한다. 특히 거주지 인근에 종합
병원이 하나 정도는 있어야 한다. 나이가 들수록 건강
과 질병이 문제될 확률이 높기 때문이다.

요즘 국내는 물론 해외에서의 '한 달 살기'가 유행하
고 있다. 이처럼 노후에 해외에 일정 기간 거주하는
것은 어떻게 보는가?

한국보다 물가 수준이 높지 않고 날씨가 따뜻한 지역
에서 거주하는 것은 여러모로 긍정적인 노후 생활을
보내는 데 도움이 될 수 있다. 해외에서 거주하는 동
안 국내 건강보험료를 납입하지 않아도 되는 부분도
플러스 요인이다. 다만 해당 지역에 가까운 친구나 가
족이 없고 현지에서 할 일이 정해지지 않았다면 무기

력증이나 외로움 등의 역효과가 날 수도 있다. 이런 부분에 대한 대책을 사전에 고려하는 것이 좋다.

평균 기대 수명이 늘면서 치매에 대한 걱정을 하는 사람들도 많다. 최근 통계를 보면 매년 10% 이상 치매 환자가 늘고 있는데 이 부분은 어떻게 대비해야 하는가?

재무설계 두 번째에 해당하는 위험 대비와 관련한 사항이다. 사실 치매는 50대부터 흔히 발생하는데, 가족 중에 치매 환자가 생기면 구성원 모두가 힘들어질 수 있다. 아무리 사랑하는 가족이라도 간병 기간이 길어지면 감당하기 어렵기 때문에, 이를 대비해 치매 관련 보험이 꼭 필요하다. 보험은 치료 비용, 요양 비용, 간병 비용을 종합적으로 고려해서 선택해야 한다.

추가로 노후 대책에 대한 의견이 있다면?

노후 생활에 대한 재무설계는 정말 중요하다. 그에 못지않게 중요한 것이 시간과 인간관계를 관리하는 것이다. 노후는 생각보다 길다. 그 시간 동안 무엇을 하면서 보낼 것인지 꼭 생각해야 한다. 이미 즐겨하는 취미가 있어도 평생 그것만 하면서 살 수 없는 만큼, 새로운 취미나 봉사 활동을 찾아보기를 추천한다.

친구가 많은 것도 좋지만 무엇보다 부부 관계, 자녀 관계를 잘 유지해야 한다. 가족 간에 문제가 있으면 행복한 노후를 꿈꾸기 어렵다. 가족들과 세심하게 소통하고, 만약 해결해야 할 문제가 있다면 다양한 프로그램을 통해 관계를 개선하려는 노력을 하는 것이 좋다. 젊을 때도 마찬가지지만 노후에는 더더욱 곁에 있는 사람들이 가져다주는 행복이 크다.

2

건강한 삶

건강 관리의 시작은
익숙한 것들과의 결별이어야 한다

유병장수가 아닌, 무병장수를 위해서

아침에 일어나면 모닝 커피에 담배 한 개비로 하루를 시작한다. 점심엔 숙취 해소를 위한 맵고 짠 찌개를 먹고, 저녁에는 1차로 삼겹살과 소주에 이어 2차로 치킨과 맥주로 입가심한다. 주말에는 늦잠을 자고 소파에 누워 텔레비전 앞에서 뒹굴거리는 것이 20여 년 전 내가 회사 생활을 시작하던 때의 평범한 루틴이었다. 나뿐만 아니라 많은 직장인의 삶이 다 비슷했다.

요즘에는 세상이 많이 달라졌다. 예전에는 건강 관

리란 말이 40대 이상에게만 통용되었다. 하지만 평균 기대 수명이 늘어난 탓인지 전 연령층에서 건강에 대한 관심이 커지고, 건강한 식단과 규칙적인 운동에 대한 붐이 일고 있다. 주말에 서울 한강공원에 가보면 조깅하는 사람, 자전거를 타는 사람들로 붐빈다. 헬스장이나 스포츠 센터를 이용하는 것뿐만 아니라 야외 활동을 하거나 집에서 홈 트레이닝을 하는 사람들도 크게 늘었다. 백 세 인생 시대를 대비해 다양한 방법으로 건강을 챙기고 리스크 관리를 하는 것이다. 바람직한 현상이다. 건강 관리는 건강할 때 시작하는 것이 옳다. 건강하지 않을 때 하는 관리는 사실상 '관리'가 아니라 '치료'이기 때문이다.

오래 살아도 몸이 건강하지 않으면 놓치는 것들이 많다. 기왕 수명이 늘어난 김에 노년기가 아니라 젊음을 늘려야 하지 않겠는가. 유병장수가 아닌 무병장수한 삶을 위해서는 바로 지금부터 대비해야 한다. 우리 몸은 대체할 수 없는 단 하나뿐인 소비재고, 한 번 잃은 건강은 되찾기 어려우니 말이다.

올해 팔순이신 어머니는 "유용한 정보니까 꼭 읽어보라"며 몇 년 전부터 종종 메시지를 보내신다. 도대체 어디에서 그렇게 다양한 정보를 모으시는지 여전히 미스터리지만, 의외로 건강 관리에 상당히 도움이 되는 내용이 알차게 들어 있었다. 직접 실천해 보면서 효과를 보고, 나중에 미디어를 통해 그 원리를 깨달을 때도 왕왕 있다. 어머니의 메시지에서 출발해 내 건강 유지 비법이 된 몇 가지 루틴을 소개해 보겠다.

첫째, 아침에 눈을 뜨고 제일 먼저 침을 뱉는다. 잠자는 시간 동안 세균이 배양되어 아침에 일어난 직후 입속에 세균이 가장 많다고 한다. 그때 물을 마시면 입 안의 세균을 함께 삼키게 되므로 침을 여러 차례 뱉고 난 후에 물을 한 잔 마신다.

둘째, 물을 마신 후에는 폼롤러를 이용해 밤새 경직되어 있던 몸을 풀어준다. 다리, 허리, 등, 어깨, 목 순서로 최대한 풀어준다. 아침과 똑같이 밤에 잠들기 전에도 20~30분 정도의 스트레칭으로 하루의 피로를 풀어 준다.

셋째, 나는 평일이든 주말이든 동일한 시간에 일어난다. 물론 아주 피곤할 땐 늦잠을 자는 경우도 있지만 매우 드문 일이고, 거의 매일 같은 시간에 잠들고 일어난다. 늘 일정한 루틴을 유지하다 보니 자연스럽게 몸 상태도 비슷한 수준을 유지할 수 있게 된다.

넷째, 찬 성질의 음식 먹기를 최대한 자제한다. 나이를 먹을수록 몸을 따뜻하게 해야 하는데 커피, 밀가루 음식, 달콤한 디저트는 몸을 차게 하는 성질이 있다. 그래서 이런 음식을 멀리하거나 줄이고 있는데, 많은 인내심이 필요하지만 그 대신에 주어지는 효과도 꽤 크다.

마지막으로, 발뒤꿈치 들기 운동을 매일 100번 이상 한다. 발뒤꿈치 들기 운동은 때와 장소를 가리지 않고 간단히 할 수 있는데 비해 그 효과는 엄청나다. 종아리는 제2의 심장이라고 하는데, 이 운동을 하면 종아리 뒤쪽 근육을 강화할 수 있다. 고혈압 예방, 하지근력·혈액 순환 강화, 무릎 통증·허리 통증 완화 등에 좋다.

사실 대단한 비결이라고 하기엔 너무 소소하고, 누구나 마음만 먹으면 실천할 수 있는 규칙들이다. 하지만 건강 관리는 바로 이 사소한 습관의 변화에서 시작된다. 거창한 계획보다 지금 내가 할 수 있는 일부터, 오늘 하루 한 뼘씩 바꿔 나가는 일부터 시작해야 한다.

나쁜 습관을 줄이는 것부터 시작하자

건강한 루틴으로 하루를 완성하는 것이 바람직하지만, 사실 그 전에 먼저 해야 할 것이 있다. 흡연, 과음, 불규칙한 식사나 수면, 맵고 짜고 기름진 식사, 구부정한 자세 등 나쁜 습관부터 바로잡는 것이다. 나쁜 습관들을 고치지 않고서는 좋은 음식을 먹고 운동을 해도 효과가 반감될 수밖에 없다. 우선은 몸에 밴 나쁜 습관들과 과감하게 결별해야만 한다.

물론 오래된 습관을 떨쳐내기 위해서는 상당한 의지와 인내심이 수반되어야 한다. 심지어 의지만으로 성공할 수 있는 것도 아니다. 의지력을 유지할 수 있는 주변 환경을 조성하고 구체적인 실천 계획과 동기부여를 위한 보상 등이 함께 작용해야 성공 확률을 높일 수 있다.

예컨대 체중 감량을 목표로 한다면 주변 사람들에게 알려서 지속적인 실천 여부를 모니터링해 줄 수 있는 사람을 많이 만드는 것이 좋다. 목표를 수치화하고, 구체적인 실천 계획을 적어서 관리하는 방법을 권장한다. 그리고 언제까지 달성하겠다는 기한을 반드시 정해두어야 한다. 기한을 정하지 않으면 한없이 미루게 되어 아무 일도 일어나지 않는다.

또한, 터무니없는 목표를 세우면 부담감이 커져 시작조차 어렵게 만들 수 있다. 작은 목표로 시작해서 빨리 작은 성공을 만든 후에 목표를 조금씩 높이는 것이 좋다. 크든 작든 성공을 경험해 엔도르핀이 돌기 시작하면 그다음에는 가속도가 붙기 마련이다. 그리고 목표를 달성할 때마다 자신에게 보상하는 것도 잊지 말자.

일전에 당뇨·비만 전문의의 책을 읽고 큰 충격을 받은 바 있다. 50여 년을 살면서 의도치 않게 잘하고 있던 부분도 있지만, 어처구니없을 정도로 잘못된 식습관도 갖고 있었다. 책을 읽고 나서 곧바로 몇 가지 규칙을 만들어 실천하기 시작했다. 캔 커피나 탄산음료 대신 블랙커피나 허브티를 마시고, 가공육의 섭취는 최소화하며, 탄 음식은 먹지 않는다. 끼니를 건너뛰거나 폭식하지 않고 조금씩 자주 먹어서 혈당치의 변동 폭을 적게 한다. 술을 마실 때는 탄수화물 함량이 높은 맥주와 청주보다 위스키, 소주, 와인을 선택하고 간식으로는 견과류와 치즈를 챙겨 먹는다. 또 식사 후에는 15분 정도 꼭 걸으려고 노력했다.

평소 식습관에서 조금씩 바꾼 것들이지만 효과는 상

상 이상으로 컸다. 2022년 1월 말부터 시작했는데 불과 5개월 만에 체중이 5kg이나 빠졌다. 식사량과 운동량은 크게 달라진 것 없었는데도 말이다. 얼굴빛이 건강해 보인다는 말을 자주 듣게 됐으며 무엇보다 체지방이 감소해 몸이 날아갈 듯 가뿐해졌다. 나이가 들수록 '나잇살'이라고 해서 점점 살이 찌기 쉽다. 먹을 것이 넘쳐나는 현대인에게 적정한 체중 유지는 건강과 직결되는 중요한 부분이다. 비만은 특히 서구화된 식습관, 부족한 운동, 불규칙한 생활 등이 야기하는 전형적인 '생활 습관병'이기도 하다.

비만뿐 아니라 고혈압을 비롯한 심혈관 질환, 당뇨, 알코올성 간 질환, 퇴행성 관절염 등은 잘못된 생활 습관이 만드는 대표적인 질병이다. 바꿔 말해 좋은 생활 습관을 실천하면 예방할 수 있다는 뜻이기도 하다. 내가 어찌할 수 없는 질병도 있지만, 건강을 지키기 위해 할 수 있는 노력은 해야 하지 않겠는가. 좋은 생활 습관을 루틴으로 만드는 것은 건강의 뿌리를 튼튼하게 가꾸는 행동이다. 루틴은 화려하고 거창할 필요 없이 꾸준함으로 완성된다. 루틴을 유지하면 나중에 쉽게 무너지지 않고, 설령 위기가 오더라도 비교적 빨리 털어낼 수 있다.

작은 습관으로도 건강한 미래를 만들 수 있다

많은 사람들이 건강이 가장 중요하다고 입버릇처럼 말하지만 실제로 건강에 이상이 생기거나 몸이 아픈 증상이 나타나기 전까지 나쁜 습관을 이어가는 경우가 많다. 또 건강 관리에 필요한 시간과 노력을 투자하는 데 인색하다. 바쁘거나 귀찮다는 등 여러 이유로 건강 관리를 우선순위에서 밀어놓고 '시간이 나면' 시작하겠다고 생각한다. 건강 관리할 수 있는 완벽한 때를 기다린다면 언제까지고 미루게 된다.

통계청 자료에 따르면 2020년 한국인의 10대 사망 원인은 암, 심장 질환, 폐렴, 뇌혈관 질환, 고의적 자해(자살), 당뇨병, 알츠하이머병, 간 질환, 고혈압성 질환, 패혈증 순으로 나타났다. 특히 인구 고령화 때문에 알츠하이머병이나 치매 발병률의 급속한 증가 추세가 두드러지고 있다. 건강이 무너지는 것은 한순간이고, 절대 남 일이 아니라는 경각심을 가질 필요가 있다. 세상 일은 경험하면서 배운다지만, 건강에 있어서는 적용하면 안 될 말이다. 건강을 잃으면 삶의 질이 급격히 떨어질뿐더러 평범한 일상을 영위하는 것 자체가 어려워진다.

《나는 101세, 현역 의사입니다》[7]의 저자 다나카 요시오는 은퇴를 모르는 장수 의사다. 그는 활동법, 마음 관리법, 식사법 등 자신만의 건강 습관을 유지하고 있다고 한다. 101세 현역 의사의 습관들은 절대 어렵고 힘들지 않다. 매일 30분 산책하기, 매 순간 내 등 모양 체크하기, 스트레스는 살아 있음의 증거라 생각하기, 할 수 없는 것보다 할 수 있는 것에 주목하기 등 누구나 손쉽게 시작할 수 있는 것들이다.

101세인 사람도 습관처럼 할 수 있는 것들을 우리도 못할 이유가 없다. 요즘에는 꼭 의사에게 상담을 받지 않아도 다양한 매체를 통해 건강에 대한 정보를 얻을 수 있다. 그만큼 '헬스 리터러시'가 중요해지고 있다. 직역하면 '건강 문해력'으로, 자신에게 필요한 건강 정보를 수집하고 이해하는 능력이다. 건강 관리에 대한 과장 광고, 자극적인 정보가 유행하는 요즘 시대에 좋은 정보를 선택하고 내 삶에 적용하는 것 또한 생존과 연결된 중요한 문제다.

그러니 시간이 없다거나 방법을 모른다고 손 놓고 있지 말고, 바로 지금부터 필요한 정보를 찾아보며 아주 간단한 것부터라도 실천해 보자. 나쁜 습관을 하나씩 줄이고, 그 자리에 좋은 습관을 하나씩 채워 나가는 것이다. 익숙한 습관과 과감히 결별하는 오늘의 행동으로 건강한 내일을 만들 수 있다.

건강한 일상을 지탱하는 숫자,
7,500보

나는 '걷는 사람'이다

어릴 적부터 부모님을 따라 등산을 다닌 덕분인지 산에 오르는 것을 좋아했다. 한라산, 지리산, 설악산 등 국내 웬만한 이름난 산들은 다 올라 봤다. 운동에 대한 관심이 높아지고 있는 요즘, SNS에도 세대를 가리지 않고 산 정상에서 찍은 인증샷이 많이 보인다. 등산은 예전부터 지금까지 여전히 모두에게 매력적인 활동인 듯하다.

2000년대 초반에는 러닝 열풍이 불었다. 직장에서도 마라톤 동호회가 생겼고, 나도 기록 측정을 위해 스톱

워치를 구매할 만큼 열심히 달렸다. 집 근처 학교 운동장이나 공원을 주기적으로 달렸고, 여러 마라톤 대회에 참여하기도 했다. 풀코스를 완주한 적은 없지만 하프코스와 10km 구간은 제법 괜찮은 기록으로 수십 차례 이상 뛰었다. 그렇지만 안타깝게도 러닝에서는 등산만큼의 흥미를 얻지 못했다.

한강공원을 걷기 시작하면서부터 나는 걷기의 마력에 사로잡혔다. 사실 걷기를 본격적으로 시작하기 전에는 몇 가지 의구심이 있었다. 제일 먼저 등산이나 러닝과 달리, 그저 걷는 것만으로도 과연 운동 효과가 얼마나 있을지 의문이었다. 이외에도 걸을 시간을 자주 낼 수 있을지, 집 근처의 코스를 걷다 보면 금방 지루해지지 않을지를 비롯해 갖가지 우려 지점이 있었다. 하지만 모두 기우였다.

일단 첫째로, 사람마다 걷는 빈도와 정도에 차이가 있겠지만 나에게 걷기 운동의 효과는 만점이었다. 고질적인 사무직 종사자의 목·허리 통증이 싹 사라졌다. 심지어 평소보다 부족하게 걸었다고 느껴지면 몸이 근질거릴 정도다. 한때는 승부욕이 불타올라 지인들과 누가 더 많이 걷는지 경쟁하기도 했다.

직접 설계한 90분 걷기 코스(좌), 180분 걷기 코스(우)

둘째, 걷기 위해서 굳이 시간을 따로 낼 필요가 없다. 그냥 출근길이든 퇴근길이든, 낮이든 밤이든, 평일이든 주말이든 틈날 때마다 걸으면 된다. 특히 나는 머릿속이 복잡하면 일단 운동화를 신고 무작정 밖으로 나갔다. 걸으면서 생각을 정리하다 보면 회사나 집에서는 떠오르지 않았던 묘안이 번뜩 떠오를 때도 있었다. 어떤 때는 생각이 꼬리를 물고 이어지다가 '아 몰라, 될 대로 돼라'는 과감한 용기가 샘솟기도 했다. 고민 중 거의 대부분은 하룻밤 자고 나면 생각나지도 않을, 쓸데없는 생각이라고 하지 않던가. 몸을 움직여 걷는 것이 실제로 많은 고민을 덜어 주었다.

셋째, 집 근처를 걷더라도 나만의 '걷기 지도'를 만들며 즐겁게 걷는 재미가 쏠쏠하다. 다양한 경로를 따라 꾸준히 한강공원을 걸으면서 나만의 걷기 지도를 완성해 코스별로 이름을 붙이기도 했다. 가끔 지인들이 같이 한 강공원을 걷자고 찾아오면 등산 코스를 선택하듯 소요 시간별로 코스를 소개해 줬다. 물론 시간적 여유가 있다 면 도시를 벗어나 조금 멀리 나가 새로운 길을 걷는 것도 신선한 자극이 된다.

배우 하정우는《걷는 사람, 하정우》[8]라는 책에서 "내 길 을 스스로 선택해서 걷는 것, 내 보폭을 알고 무리하지 않 는 것, 내 숨으로 걷는 것. 걷기에서 잊지 말아야 할 것들 은 묘하게도 인생과 이토록 닮았다."라고 말한다. 이제 나에게도 걷기는 단순히 운동이 아니라 인생을 지탱하는 일부가 되었다. 걷기를 통해 일상 속 루틴을 유지하고, 머 릿속을 맑게 하며, 내 삶을 균형 있게 이끌어가는 방법을 배운다. 지난 4~5년 동안 서울과 수도권은 물론이고 전 국을 돌며 부지런히 걷다 보니 나도 자타공인 '걷는 사람 양성필'이 되었다.

하루 1만 보가 아니어도 된다

〈뉴욕타임스〉는 2021년 7월 "정말 매일 1만 보가 필요한가"라는 기사에서 장수를 위해 매일 1만 보를 걸을 필요가 없다고 전했다. 사실 '매일 1만 보 걷기'가 알려진 이면에는 학술적인 이유가 아닌, 상업적인 이유가 숨겨져 있다. 1964년 도쿄 올림픽 이후 사람들이 건강에 관심이 높아지자 이에 편승해 한 시계 제조업체가 만보계를 생산했다. 1만을 뜻하는 '만(万)' 자의 일본식 한자가 사람이 걷는 모습과 비슷해 판매 촉진을 위해 만 보 걷기를 홍보했을 뿐 특별한 과학적 의미는 없다고 한다.

그러면 하루에 얼마나 걸어야 적당한 운동이 될까? 아이민 리 하버드대 보건대학원 박사팀이 2019년 70대 여성을 대상으로 걸음 수와 건강 상태 간 연관 관계를 조사했다. 그 결과, 하루 4,400보 정도 걷는 사람은 하루 2,700보 이하 걷는 사람보다 조기 사망할 위험이 40% 정도 줄었다고 한다. 하루 5,000보 이상 걸을수록 조기 사망할 위험도 감소했지만 그 수치는 7,500보에서 정점을 찍었다. 즉, 이보다 많이 걷는다고 해서 그만큼 건강에 유익한 것은 아니라는 말이다.

'하루 1만 보'라는 특정 숫자에 집착할 필요는 없다. 자신의 몸 상태를 고려하지 않고 무리하게 걸으면 오히려 역효과가 날 수도 있다. 집안일 등 생활 걷기를 포함해 하루 7,000~8,000보 정도면 건강 유지에 충분하다고 한다. 오늘 좀 모자라게 걸어도 괜찮다. 내일이나 모레 좀 더 걸으면 된다. 인생 후반전에는 숫자에 너무 집착하지 말고 좀 더 여유롭고 즐겁게 걷도록 해보자. 숫자에 집착하면 걷기의 '양'은 늘어날지 몰라도 '질'이 나빠질 수 있다.

걸을 때에는 항상 바른 자세를 유지하며 걷는 것이 매우 중요하다. 나쁜 자세로 걸으면 많이 걸을수록 무릎이나 발목, 허리가 안 좋아질 수 있기 때문이다. 등을 곧게 펴서 몸을 바로 세우고 시선은 살짝 위쪽 하늘을 바라보면서 걷는 것이 좋다. 걷기 전 간단한 스트레칭으로 몸을 풀어주는 것도 부상 방지에 도움이 된다.

걷기를 막 시작한 초보자의 경우에는 시간당 3~4km 정도의 속도로 걷는 게 적당하다. 처음에는 한 시간 이내로 걷기를 추천한다. 그러다가 익숙해지면 속도와 거리를 점차 늘리면 된다. 일반적으로 천천히 걷는 것보다는 빠른 속도로 30분 정도 걷는 것이 운동 효과가 좋다고 한다. 그리고 최소한 일주일에 세 번 이상, 매번 30분 이상은 걸어야 한다.

나는 익숙한 한강공원을 걸을 때는 시간당 5~6km 정도의 빠른 속도로 걷고, 제주 올레길, 북한산 둘레길 등의 도보 여행 코스에서는 시간당 4km로 걷는다. 아무래도 경사가 진 데다 멋진 풍경을 감상하고 사진도 찍으며 걷기 때문이다.

내일도 모레도 나는 걷는다

늘 혼자 걸었던 것은 아니지만, 문득 걷기를 좋아하는 사람들과 코스를 공유하며 제대로 걸으면 좋겠다는 생각이 들었다. 지인들에게 취지를 설명하니 선뜻 참여하고 싶다는 사람이 40~50여 명이나 되었다. 내가 모임의 운영자가 되어 나름의 운영 규칙도 만들었다. 모임의 이름은 '아이러브워킹'으로 정했다. 월 2회 정도 시간이 되는 사람들끼리 자유롭게 모여서 서울과 수도권 인근을 함께 걸었다. 2020년 1월부터 야심 차게 시작했는데 코로나19로 인해 잠시 중단했다가, 2022년 봄부터 소규모로 전환하여 계속 이어가고 있다.

걷기를 좋아하는 사람들이 늘어났는지 대한민국 곳곳에 잘 정비된 산책로가 우후죽순처럼 생겼다. 아마 지금도 구석구석에 새로운 코스가 만들어지고 있을 것이다. 특히 지자체에서 타 지역 관광객을 유치하고자 산책로를 개발하며 코스 안내 지도와 스탬프 북을 우편으로 보내 주기도 한다.

그중에서도 우리나라에서 가장 유명한 걷기 코스는 역시 제주도 올레길이 아닐까. 나는 2019년부터 2022년까지 2년 7개월에 걸쳐서 제주 올레길 총 26개 코스, 425km를 완주하고 마침표를 찍었다. 특히 완주의 기쁨과 의미를 더해준 것은 올레길의 마지막 코스를 함께 걸어준 아이러브워킹 멤버들이었다. 멤버들이 완주 기념 현수막과 액자를 선물해 줬는데, 평생 잊지 못할 소중한 추억이다. 나는 16,824번째 제주 올레길 완주자로 올레길 명예의 전당에 등재됐다. 한 번에 해낸 것이 아니라 서울과 제주를 오가며 꾸준히 쌓은 기록이라서 더더욱 스스로가 대견했다.

제주 올레길 외에도 양평 물소리길, 북한산 둘레길, 서울 둘레길 등 국내 다양한 걷기 코스를 완주했다. 꾸준히 걷다 보니 공교롭게도 2022년에는 무려 4개의 완주증을 획득했다. 부지런히 걸었던 시간이 모여 결실을 보는 행복한 한 해였다.

아무래도 걷기 코스의 끝판왕이라고 할 만한 길은 바로 코리아둘레길이다. 기존에 조성되어 있는 걷기 여행길을 중심으로 우리나라 외곽 지역 전체를 잇는 코스다. 평화의 길, 해파랑길, 남파랑길, 서해랑길까지 총 285개 코스로 무려 4,544km에 달한다. 나의 국내 걷기 여행의 최종목표는 바로 코리아 둘레길 완주다. 2022년 12월 30일, 서해랑길 끝자락인 강화도를 시작으로 코리아 둘레길의 첫 테이프를 끊었다. 인생은 길어졌고 시간은 충분하다. 10년 정도 즐겁게 꾸준히 하다 보면 언젠가는 달성할 수 있을 것 같다.

이후에는 인생 1막을 정리하고 2막을 시작하는 즈음에 맞춰 산티아고 성지순례 길을 걸을 계획이다. 우선은 프랑스 길 800km 코스가 목표다. '산티아고 길을 언제 걸을 것인지는 우리의 선택이 아니고 때가 되면 그 길이 부른다'라는 말이 있는데 아마 그때쯤이면 산티아고 길이 나에게 손짓하지 않을까 싶다.

하정우는 독서와 걷기에 묘한 공통점이 있다고 말했

다. 인생에 꼭 필요한 것이지만 '그럴 시간이 없어서'라는 핑계를 대기 쉬운 분야라는 점이다. 걷기는 특별한 준비나 장비도 필요하지 않으니 조금만 열정을 투자하면 누구든지 쉽게 시작할 수 있다. 다만 뜨거운 열정보다 중요한 것은 지속적인 열정이다. 의욕이 앞서서 며칠 무리해서 걷다가 금방 지치지 말고, 가벼운 수준에서 시작하여 꾸준히 걸어 보기를 권한다.

명상으로 나를 돌보며
마음 근육 키우기

누구에게나 인생의 벽은 찾아온다

살면서 인생의 전환점을 맞이하게 되는 경우는 무언가를 얻었을 때보다는 무언가를 잃어버리고 난 뒤가 더 많다. 부모님이 돌아가시고 나서야 뒤늦게 철이 들고, 연인과 헤어지고 나서야 상대의 소중함을 느끼며, 사업이 실패해 재산을 다 잃고 난 뒤에야 깨달음을 얻는다. 뭔가를 잃지 않고도 긍정적인 방향으로 발전하고 성숙해진다면 좋으련만, 인생은 종종 배움의 대가를 혹독하게 요구한다.

　그렇게나마 다음 단계로 넘어갈 수 있다면 확실한

전환점을 맞이한 셈이다. 때론 다시 시작할 수 있는 용기와 기회조차 허락되지 않는 순간들도 있으니 말이다. 정도의 차이만 있을 뿐 누구나 위기의 순간을 마주하게 되고, 그에 따라 크고 작은 우울감이 찾아오기 마련이다. 사람에 따라, 상황에 따라 잠시 동안의 휴식으로 위기를 극복할 수도 있지만 더 근본적인 대책이 필요할 때도 있다.

쉰 살이 되었을 즈음, 나에게도 우울 증상이 찾아왔다. 이를 삶의 고달픔으로 말미암은 갱년기 증상으로 봐야 할지, 지루하고 답답한 일상에 찌든 권태감과 무력감으로 봐야 할지 혼란스러웠다. 제일 심각하게 겪었던 증상은 바로 불면증이었다. 당시의 불면 증상은 처음부터 잠을 이루지 못하는 것이 아니라, 일단 잠들었다가 아주 이른 새벽에 깨서 다시 잠들지 못하는 것이었다. 몸을 피곤하게 만들어 잠들려고 격한 운동도 해봤지만 별 소용이 없었다. 이른 새벽에 깨서 내내 뒤척이다 멍한 상태로 회사에 출근하니 하루하루가 너무 힘들었다. 그러다가 도저히 더는 버틸 수 없을 때 병원을 찾았다.

　운이 좋게도 의사 선생님을 잘 만났다. 선생님은 잔뜩 긴장한 나에게 참으로 명쾌한 답을 주셨다. 감기에는 감기약, 잠이 안 올 때는 수면제라고. 더불어 "수면제를 너무 부정적으로 여기지 말고, 일단 잠을 충분히 자야 몸과 정신이 회복된다."라는 조언을 줬다. 일단 효과를 보고 나면 복용 횟수나 양을 줄이다가 끊으면 된다고 했다. 그리고 의사 선생님의 예상은 적중했다. 두 달 만에 복용량을 반으로 줄였고, 넉 달 만에 수면제 없이도 충분히 잠을 잘 수 있게 되었다. 혹 나와 비슷한 증상이 있는 독자들이 있다면 수면제를 너무 부정적인 시각으로 대할 필요는 없다고 전하고 싶다.

다만 마냥 약에 의존하기보다는, 나의 의지로 상황을 이겨내고 싶은 마음도 있었다. 그때 마음의 안정을 위해 그림 그리기를 비롯해 버킷 리스트로 담아 두었던 것들을 시작했더니 예상보다 훨씬 큰 도움이 됐다. 게다가 여태껏 몰랐던 그림의 소질까지 발견했으니 기대 이상의 수확이었다.

그림 그리기 외에도, 몸과 마음의 균형을 회복시키기 위해서 본격적으로 걷기에 매진하기 시작한 시기이기도 했다. 집 근처 한강공원을 거의 매일 두세 시간씩 걸으면서 많은 것을 비우고 새로 채우곤 했다. 걷기 모임의 사람들과 함께 소소한 대화를 나누고, 맛있는 음식도 먹으면서 차차 예전의 일상으로 돌아갈 수 있었다.

마음을 살피고 들여다보는 시간

불면증을 어느 정도 극복한 시점에는 일요일 저녁마다 마음치유학교에 나갔다. 총 8주 동안 명상을 통해 마음을 단련하는 과정을 수료했다. 아직도 그곳에서의 첫날을 잊을 수가 없다. 나를 포함해 십여 명의 사람들이 모여 원을 이루고 앉았는데 다들 표정이 참 슬프고 힘들어 보였다. 정확한 사연은 모르겠지만 각자 힘들고 괴로운 상황을 겪고 있는 듯했다. 그때 수업을 진행하는 스님이 들어오셨는데, 그렇게 밝고 편안한 표정은 여태 본 적이 없었다. 스님의 표정이 그곳의 다른 사람들과 대비되어 더 강렬하게 뇌리에 박혔다.

처음에는 명상이 얼마나 큰 효과가 있을지 미심쩍었다. 하지만 수업이 진행될수록 마음을 과거나 미래가 아닌 현재에 두는 법, 호흡을 통해 부정적인 생각을 떨쳐버리는 법 등을 배우며 마음 챙김을 위한 명상에 익숙해졌다. 수업에 열심히 참여해 스님이 각별한 애정과 관심을 보여주신 덕분에 명상의 즐거움에 흠뻑 빠져들게 되었다. 이를 인연으로 스님과는 지금도 연락을 주고받고 있다. 마음 근육이 몰라보게 튼튼해질 수 있도록 인생의 전환점을 마련하는 데 큰 힘이 되어주신 고마운 분이다.

8주 과정을 마친 후에는 명상을 위해 필요한 방석을 샀고, 스마트폰에 명상 관련 앱을 깔았다. 집에서 잔잔한 음악을 들으면서 하는 15분 정도의 명상이 마음의 평화를 유지하는 데 큰 도움이 됐다. 몸에 생채기가 나면 딱지가 생기고 아무는 데 시간이 걸리듯, 마음에 생긴 상처도 마찬가지로 시간이 필요하다. 명상을 통해 내 마음을 들여다보면서 천천히 아픈 곳을 달래 주고 상처가 아물 때까지 기다려 줘야 한다.

그 즈음에 회사 동료의 소개로 반년 정도 매일 감사 일기를 쓴 것도 큰 도움이 되었다. 감사 일기 역시 시작할 때는 반신반의했지만, 매일 감사할 일을 찾고 손으로 적는 과정을 통해 내 사고방식이 많이 바뀌어 가고 있다는 게 느껴졌다. 감사 일기를 처음 쓸 때는 하루를 더듬으며 고민하는 시간이 길었지만, 점점 감사한 일을 찾고 깨닫는 시간이 짧아졌다. 추운 날씨에 입을 수 있는 두터운 패딩과 내복이 있어서 감사하고, 걷기 모임 멤버들과 점심을 먹으며 유익한 대화를 나눌 수 있어서 감사하고, 아침 출근길에 마스크를 개봉했는데 뜻밖에 두 장이 들어 있어서 감사했다. 내 곁에 좋은 동료들과 가족이 있다는 것도 새삼 감사한 일이었다.

그러다 보니 조명의 밝기를 높인 것처럼 주변 세상이 환하게 보이기 시작했다. 마인드를 바꾸면서 세상을 바라보는 눈이 달라지고, 자연히 마음도 편해졌다. 모든 일에 감사하는 태도가 중요하다는 말이 실질적으로 내 몸에 와 닿았다. 하루의 시작을 감사하는 마음으로 맞이하다 보니 온 세상이 응원하고 싶은 사람들로 가득 찼다. 지금 이 순간에도 그들 모두를 진심으로 응원하고 싶다.

회복의 힘은 마음 근육에서 나온다

누구에게나 힘든 시기가 닥칠 수 있지만, 몸과 마음의 치유를 통해 얼마든지 일상으로 복귀할 수 있다. 앞서 우울하고 힘든 시간을 겪었다 해도 이를 회복하고 더 행복한 삶에 도달할 수 있는 시간이 충분히 있다. 그래서 육체적인 건강 관리도 중요하지만, 지금부터 마음의 근육을 단련하면 남은 삶에 필요한 자산을 얻을 수 있다.

몸의 힘이 몸의 근육에서 나오듯 마음의 힘은 마음의 근육에서 나온다. 반복되는 운동으로 몸의 근육량을 늘리고 강화할 수 있는 것처럼 마음 근육도 체계적이고 반복적인 훈련을 통해 키울 수 있다. 마음의 근육이 단단하면 단단할수록 어떠한 어려움과 역경이 닥쳐도 헤쳐 나갈 수 있는 힘이 생기는데 그 힘의 이름은 바로 회복 탄력성이다.

마음 근육이 튼튼한 사람은 극심한 슬럼프나 쓰라린 실패의 아픔에 가라앉았다가도 금세 일상의 삶으로 다시 떠오를 수 있다. "떨어져 본 사람만이 어디로 올라가야 하는지 그 방향을 알고, 추락해 본 사람만이 다시 튀어 올라가야 할 필요성을 절감하듯이 바닥을 쳐본 사람만이 더욱 높게 날아오를 힘을 갖게 된다."라고 《회복탄력성》[9]의 저자 김주환 교수는 말한다.

《햄릿》의 대사를 빌리자면, "세상에는 좋은 것도 없고 나쁜 것도 없다. 다만 생각이 그렇게 만들 뿐이다". 모든 일은 생각하기 나름이다. 우리에게 나타난 일은 이미 벌어진 상태다. 그 마당에 우리가 할 수 있는 일은 그 상황을 어떻게 받아들일지, 그리고 어떻게 대처할지 결정하는 것이다.

앞으로 좋은 일만 일어나지도, 나쁜 일만 일어나지도 않을 것이다. 하지만 마음먹기에 따라 상황이 늘 좋을 수도, 나쁠 수도 있다. 미래에 다가올 여러 가지 일들을 좀 더 편안하게 받아들이고 슬기롭게 대처하기 위해 마음 상태를 잘 살피고 이를 소화하는 힘을 길러야 한다. 전문가를 만나도 좋고, 명상을 시작해도 좋다. 무엇보다 마음의 병이 깊어지는 동안 마음을 소홀히 관리해서는 안 된다. 스스로의 주치의가 된 것처럼 주의 깊게 나 자신을 살피고 챙겨야 한다는 것만은 절대 잊지 말자.

당신의 케렌시아는
어디인가요?

나를 치유하고 회복시키는 곳

투우에서 소가 공격할 힘을 되찾기 위해 숨을 고르는 장
소를 '케렌시아(Querencia)'라고 부른다. 스페인어로 '피난
처' 혹은 '안식처'라는 뜻이다. 투우장의 케렌시아는 처
음부터 정해져 있는 것이 아니다. 투우가 진행되는 동안
소가 자신이 안전하게 숨을 고르기 위해 찾은 그 자리가
케렌시아다.

어찌 보면 투우장과 다를 바 없이 경쟁하고, 한 치 앞
을 모르는 불확실한 시대다. 이 시대를 살아가는 현대인

에게도 몸과 마음을 회복하고 쉴 수 있는 케렌시아가 필요하다. 나만의 안전한 공간에서 치유의 시간을 갖는 것은 내일의 에너지를 얻기 위한 소중한 시간이다. 정기적으로 숨을 고르지 않으면 새 삶을 시작하기도 전에 심신이 지치고 에너지가 고갈될 수 있다.

케렌시아는 화려하고 거창한 공간일 필요는 없다. 단 한 곳이라도 외부의 방해를 받지 않고 오롯이 나만의 시간을 갖고 재충전을 할 수 있는 곳이라면 충분하다. 집 앞 스타벅스 2층의 구석자리가 누군가의 케렌시아일 수도 있을 것이다.

또한 명상 수련이나 여행처럼 특정한 활동을 자신만의 케렌시아로 여길 수도 있다. 명상은 내면의 케렌시아를 발견하려는 활동이기도 하다. 모든 사람의 삶에는 힘들고 괴로운 순간이 찾아온다. 그때 자신의 내면에서 안식처를 찾을 수 있다면 언제 어디서나 회복할 수 있을 것이다. 여행도 마찬가지다. 지금 나를 짓누르는 삶의 무게를 내려놓고 잠시라도 홀홀 떠나보는 것이다. 모든 문제를 잊고 여행지에 오감을 집중해 보자. 그 과정에서 마음의 평화와 안정을 되찾고 나면 의욕을 가지고 다시 현실 속으로 뛰어들 수 있다.

내 지인 중에는 취미로 목공에 빠져 있는 사람이 제법 많다. 공방이나 목공소에서 책상이나 책꽂이 만드는 일에 집중하고 있으면 번뇌가 사라지고 새로운 의욕과 활기가 샘솟는다고 한다. 직접 사용할 인테리어 소품을 만들기도 하고, 어떤 이는 실력이 늘어서 주변에 선물을 하기도 한단다. 이처럼 취미생활도 좋은 케렌시아가 될 수 있는 셈이다. 내가 매주 미술학원을 찾는 것도, 마음이 복잡할 때면 운동화를 신고 나가 무작정 걷는 것도 나만의 케렌시아다.

시간이 약이 될 때도 있다

《맹자(孟子)》〈고자장구(告子章句) 상(上)〉편에는 '평단지기(平旦之氣)'라는 말이 나온다. 평단지기란 이른 새벽에 얻을 수 있는 맑고 신선한 기운을 말한다. 아침형 인간인 이들에게 새벽은 일과 사람으로부터 상처받고 무너진 마음을 회복시키기에 적합한 시간이다. 모두 잠들어 있는 고요한 때에 홀로 깨어 자신에게 집중하는 그 자체가 소중한 케렌시아가 되는 것이다. 《나의 하루는 4시 30분에 시작된다》[10]의 저자 김유진 변호사는 "사람들은 내가 무언가를 더 하기 위해 4시 30분에 일어난다고 생각하지만 사실 나에게 새벽은 극한으로 치닫는 시간이 아니라 잠시 충전하는 휴식 시간이다."라고 말한다.

　여느 사람들처럼 나도 쉰 살이 넘어서부터 조금씩 아침잠이 줄어들었다. 1년 전부터는 거의 매일 아침 5시 반이 되면 눈이 떠진다. 새벽에 저절로 깨다 보니 그 시간이 아까워서 독서도 하고, 넷플릭스로 밀린 드라마나 영화를 보기도 했다. 그러다 얼마 전부터는 그냥 아무것도 하지 않고 30분 정도 명상하듯 뇌를 온전히 쉬게 해주는 시간을 가졌다. 그다음에는 오늘도 고생할 내 몸을 생각해 가벼운 스트레칭으로 아침을 맞이한다. 몸과 마음을 정돈하며 나를 깨우면 충만하고 행복하게 하루를 시작할 수 있다.

때로는 시간의 흐름 그 자체가 케렌시아가 되기도 한다. 살다가 힘든 일이 생겼을 때, 몸과 마음이 괴로울 때 당장은 죽을 것처럼 아프지만 시간이 흐를수록 고통이 조금씩 가라앉게 된다. 나를 힘들게 했던 사건 자체가 사라지지는 않지만, 그 일을 바라보고 대하는 자세는 처음과 달라져 있을 것이다. 애석하게도 시간을 흘려보내는 게 마냥 쉬운 일은 아니지만, 그럼에도 시간이 약이 될 때가 분명히 있다.

케렌시아라고 지칭하지는 않더라도 살면서 슬픔, 괴로움, 스트레스에서 벗어나는 자신만의 노하우가 1~2개쯤은 있을 것이다. 우연이라고 여길 수도 있지만, 상처를 회복한 그 순간을 의식하고 패턴을 찾아 나에게 최적화된 방법으로 내재화하는 것은 삶을 살아가는 데 큰 도움이 된다.

잠시 멈춰야 하는 순간

독일의 심리학자 게오르크 피퍼는 《쏟아진 옷장을 정리하며》[11]에서 비극적인 사건 때문에 삶이 엉망으로 꼬인 사람들의 마음을 '쏟아진 옷장'에 비유했다. 옷장이 쏟아지면 사람들은 마치 자신의 속내를 들킨 것 같은 민망함에 서둘러 물건을 쑤셔 넣고 옷장 문을 닫아버린다. 하지만 마구 쑤셔 넣은 옷가지들 때문에 문은 닫히지 않고, 물건들이 다시 바닥으로 쏟아지는 악순환이 이어진다. 그는 "힘들더라도 옷장 문을 활짝 열고 물건을 모조리 꺼내야 한다. 버릴 옷은 버리고 셔츠는 셔츠끼리, 양말은 양말끼리 차곡차곡 정리해야 한다. 현실을 외면하지 않고 직접 마주해야 슬픔으로부터 벗어날 수 있다."라고 조언했다. 즉, 상처를 회피하거나 외면하는 것이 아니라 오히려 더 적극적으로 대면하여 진실을 수용하고 지혜롭게 대처할 때 비로소 우리 영혼은 성숙해진다는 것이다.

정도의 차이는 있겠지만 대부분의 사람들은 살면서 한 번쯤 '쏟아진 옷장'을 경험한다. 이때 옷장 문을 활짝 열고 물건을 모조리 꺼내 정리하기 위해서는 복잡하게 어질러진 방 안에서 처음부터 시작할 수 있는 용기가 필요하다. 그리고 그 용기를 모으기 위해 나만의 안식처에서 잠시 숨을 돌려야 한다.

몸과 마음에 귀를 기울이면 케렌시아가 필요한 순간이 언제인지 우리에게 말해줄 것이다. 그럼에도 '이러다 말겠지', '원래 인생은 힘든 거야' 하면서 쉬어야 할 타이밍을 놓치고 있지는 않은가. 인생에는 쉼표가 필요하다. 쉼표를 찍어야 할 곳에 마침표를 찍는 어리석은 행동을 해서는 안 된다. 잠시 쉬면 원래의 나로 돌아갈 수 있는데,

멈춰야 할 타이밍을 놓쳐서 후회하는 인생을 만들 이유
는 없다.

인생의 영광은 한 번도 넘어지지 않은 데 있는 것이
아니라 넘어질 때마다 다시 일어서는 데 있다. 그러기 위
해서는 케렌시아가 필요하다. 스스로 묻고 답해 보자. 나
의 케렌시아는 어디에 있는가? 나에게 케렌시아의 시간
은 언제인가? 이를 발견하고 활용한다면 언제든 숨을 고
르고 다시 걸음을 내딛을 힘이 생길 것이다.

3

재미있는 삶

부캐와 N잡러로
액티브 시니어를 꿈꾼다

지금은 부캐 전성시대

"오늘은 유셰프, 내일은 유러너, 주말엔 유목수…. 본캐부터 부캐까지 하고 싶은 게 많은 요즘 시대엔…."이라는 TV 광고 속 메시지가 흥미롭다. 온라인 게임에서 주로 사용하던 용어인 본캐(주로 사용하는 캐릭터)와 부캐(본캐 외에 또 다른 캐릭터)는 얼마 전부터 대중들에게 익숙한 용어가 되었다. 평소의 주된 모습이 아닌 새로운 모습이나 캐릭터로 행동할 때 '부캐'라는 용어를 사용한다.

부캐의 끝판왕이라고 한다면 방송인 유재석 씨가

TV 프로그램 〈놀면 뭐 하니?〉에서 보여준 변화무쌍한 모습을 꼽을 수 있다. 그는 신인 트로트 가수 '유산슬', 라면 끓이는 요리사 '라섹', 하프 신동 '유르페우스', 치킨을 튀기는 '닭터유' 등 새로운 직업과 캐릭터로 다양한 변화를 선보였다. 흥미로운 건 연예인이 아닌 일반인들 역시 이러한 부캐를 만들고 싶어 한다는 점이다.

구인 구직 매칭 플랫폼 '사람인'에서 2021년 4월에 직장인 1202명을 대상으로 '직장인 부캐'를 주제로 조사한 결과에 따르면 응답자의 73.5%가 부캐를 갖고 싶다고 답했다. 이들이 가장 원하는 부캐로는 '현재 직무 외 세컨드 잡 능력자(43.6%)'가 1위를 차지했다. 실제로 부캐로 활동하고 있는 직장인은 10명 중 3명(25.1%) 수준이었다. 부캐를 갖고 싶은 이유로 '자기만족을 위해서(45.6%, 복수 응답)', '부수입이 필요해서(41.7%)', '언젠가 직장을 떠나게 될 것에 대비해서(41.2%)', '나의 다른 자아를 실현하고 싶어서(34.2%)' 등이 꼽혔다.

이러한 부캐 전성시대의 중심에는 MZ 세대가 있다. 이들 세대에서 부캐와 함께 'N잡러'라는 단어도 자주 등장한다. N잡러는 2개 이상의 복수를 뜻하는 'N'과 직업을 뜻하는 '잡(job)', 사람을 뜻하는 '러(~er)'가 합쳐진 신조어다. 본업 외에도 부업이나 취미 활동을 즐기며 변화에 대응할 수 있도록 겸업하는 사람들을 일컫는다. 다만 N잡러는 생계가 힘들어서 두 가지 이상의 일을 하는 투잡족과는 다른 개념이다. N잡러는 경제적인 추가 수입뿐만 아니라 자아실현을 통한 자기만족까지 추구한다.

예전 같으면 한 직장에 평생을 몸담는 것이 당연한 일이었지만 이제는 다르다. '한 우물만 파라'던 옛말과 달리 다양한 개성을 발산해야 성공하는 시대가 되었다. 실제로 코로나 팬데믹을 겪으면서 직장에 대한 소속감이 급격히 떨어진 직원들이 연이어 이직하거나 퇴사하는 경우가 많아졌다. 미국에서는 2020~2021년 사이에 연달아 역대 최고 퇴사율을 갱신하면서 'The Great Resignation(대규모 퇴사)'이라는 신조어가 나왔을 정도다. 미국보다는 덜하지만 우리나라도 자발적 이직의 증가 추세가 더욱 심화되는 양상이다.

한 직장에 올인하며 승진하는 걸 최우선 과제로 삼기보다 좀 더 다양한 가능성을 탐색하고, 부캐를 통해 퇴근 후와 주말에 새로운 경험을 쌓는 사람들이 많아지고 있다. 그렇게 취미로 시작했던 일을 자아실현을 위한 새로운 직업으로까지 연결시킨다는 게 N잡러의 특징이기도 하다.

액티브 시니어의 유쾌한 반란

언뜻 생각하면 아직 젊고 시간이 많기 때문에 가능한 일이라고 생각할지도 모르지만, 부캐를 만들거나 N잡러가 되는 것이 젊은 층에만 국한되는 일은 결코 아니다. 몇 해 전부터 '액티브 시니어(Active Senior)'의 유쾌한 반란도 심상치 않다.

　액티브 시니어는 은퇴 이후에도 소비와 여가를 즐기며 사회 활동에 적극적으로 참여하는 중장년층을 지칭하는 말이다. 이들은 전통적인 고령자를 뜻하는 실버 세대와 달리 가족 중심주의에서 벗어나 자기 계발과 여가 활동, 관계 맺기에 적극적이다. 외모나 건강 관리 등에 관심이 많아 자신에 대한 투자도 아끼지 않는다. 또한 외국어, 컴퓨터 교육, 미용, 운동 등 다양한 활동을 즐기는 신소비 계층으로 떠오르고 있다. 65세 이상 고령 인구가 차지하는 비율이 점점 높아지고, 청년 5명이 노인 1명을 부양해야 하는 상황 속에서 액티브 시니어는 지속 늘어날 것으로 전망된다.

열정 넘치는 액티브 시니어들은 인생 2막의 시작과 두 번째 직업의 실천에 있어서도 적극적이다. 60대 중반의 나이에 국내 최초 시니어 모델로 데뷔한 모델 김칠두 씨는 놀라운 패션 소화력과 독보적인 분위기를 선보였다.

유튜버로서 제2의 인생을 살게 된 '박막례 할머니', '밀라논나' 등 시니어 크리에이터들이 유튜브에서 맹활약하는 것도 이미 하나의 현상으로 자리 잡았다. 이들은 재치 있는 입담, 진정성 있는 조언, 겸손함을 갖추고 세대 간 거리를 좁혀 나가고 있다.

얼마 전부터는 1020 세대의 전유물로 꼽히던 틱톡에서도 액티브 시니어들이 활발한 활동을 하고 있다. 유튜브에 박막례 할머니가 있다면 틱톡에는 '46년생 춘자씨'가 있다. 2019년부터 틱톡을 시작한 46년생 춘자씨는 현재 팔로워 수가 무려 250만 명이며, 특히 1020 세대의 팔로워들에게 큰 사랑을 받고 있다.

시니어 크리에이터들이 만드는 콘텐츠의 특징은 전 연령층에서 고루 사랑받는다는 점이다. 다른 세대에서 만든 콘텐츠가 주로 콘텐츠를 만든 세대와 비슷한 연령대 안에서 소비되는 것과는 차이가 있다. 이들은 억지로 꾸며내거나 자극적인 영상을 추구하지 않는다. 모두가 공감할 수 있는 자연스러움과 유쾌함을 추구하며 인생의 다양한 경험들이 만든 연륜과 여유가 영상 안에 배어 있다. 이런 액티브 시니어들의 모습을 동경하는 MZ 세대도 제법 많다.

아카데미 여우조연상을 수상한 윤여정 씨는 수상 소감에 '배우 윤여정'이기 이전에 '사람 윤여정'의 모습을 담아내어 큰 화제가 되었다. 겸손하면서도 솔직하고 위트 있게 자신의 소신을 밝히는 모습은 나이를 불문하고 대중에게 매력적으로 다가갔다. 오죽하면 '윤며들었다'라는 신조어까지 생겨났겠는가. 그는 자신의 성취에 대하여 그저 먹고 살기 위한 것이라며 겸허하게 표현했지만, 그의 삶 자체가 청년뿐 아니라 동년배들에게도 큰 가능성을 시사한다는 사실은 변함이 없다.

우리는 새로운 인종이 되어야 한다

과거에는 정년 이후의 삶을 떠올릴 때 선입견이 있었다. 대부분의 노년층이 은퇴 이후를 '여생'이라고 칭하며 생산적인 시간보다는 삶을 마무리하는 과정으로 여겼던 것도 사실이다. 그러나 세상이 빠르게 변화하며 삶의 패턴도 과거와는 달라졌고, 이에 따라 우리도 달라져야 한다.

한계를 거부하는 다재다능함을 주제로 다루고 있는《폴리매스》[12]의 저자 와카스 아메드는 "지금 시대에는 새로운 지식이 샘솟듯이 넘쳐나고 지식반감기는 점점 더 짧아지고 있다. 또한 AI, 로봇 등 사람을 대체할 수 있는 수단은 점점 더 많아진다."라고 설명하며 "빠르게 변화하는 미래 사회에서는 '폴리매스(Polymath)'라는 새로운 시대에 적합한 인종이 되어야 한다."라고 주장한다.

　'폴리매스'란 사전적 의미로는 '박식한 사람'을 뜻하지만 사실 좀 더 깊은 뜻이 담겨 있다. 다양한 영역의 지식을 연결하는 종합적인 사고와 방법론을 지닌 사람을 말한다. 이들은 분야를 넘나들며 새로운 것을 창조하고 융합적인 사고방식으로 창의력을 발휘한다.

책에서 소개하는 대표적인 폴리매스는 레오나르도 다빈치다. 그는 회화, 조각, 건축, 음악, 역학, 수학, 광학, 해부학 등의 분야에서 뚜렷한 업적을 남겼다. 레오나르도 다빈치야말로 르네상스 시대의 진정한 N잡러였던 것이다.

앞으로는 폴리매스의 특징인 직업의 다각화가 백 세 시대에 적합한 생존 전략이 될 것으로 보인다. 폴리매스에게 노동은 전통적인 의미의 직업이나 경력을 의미하지 않는다. 그들은 자신이 하는 노동을 가리켜 즐거운 일, 프로젝트, 기회, 모험, 주도적 과제로 칭한다. 그들에게 노동은 싫어도 해야 하는 일이 아니라 신나는 모험이다. 우리 역시 삶에 대한 패러다임을 완전히 탈바꿈할 필요가 있다. 어쩌면 신나는 노년 생활에 있어 가장 큰 걸림돌은 나이를 이유로 가능성에 한계를 긋는 우리 자신인지도 모른다.

최근에는 은퇴할 때가 됐으니 인생에서 활동할 수 있는 시기는 끝났다는 인식이 사라지고 있다. 건강이 뒷받침되고 열정만 있다면 얼마든지 새로운 일과 취미 활동을 시작할 수 있다. 인생 2막·3막에 대한 기대감과 즐거운 희

망을 가지고 부캐와 N잡을 통해 액티브 시니어를 꿈꿔
보자. 꿈은 육체의 에너지이자 정신의 자양분이다. 꿈꾸
는 자는 쉽게 늙지 않는다고 한다. 나의 미래를 흐르는 시
간에 맡겨 두지 말자.

프로가 아니면 어때?
기회는 즐기는 자에게 온다

내 마음 속 해우소

영화〈우리들의 행복한 시간〉을 보면 사형수로 복역 중인 남자 주인공과 자원 봉사자인 여자 주인공이 매주 교도소 면회를 통해 만난다. 누가 뭐라고 하든 목요일 오후의 면회 시간은 두 사람에게 있어 행복한 시간이다. 그들처럼 나에게도 나만의 행복한 시간이 있다. 나는 매주 수요일 퇴근 후에 어김없이 찾는 곳이 있다. 그곳은 바로 미술학원이다. 취미 생활로 저녁 7시부터 10시까지 그림을 그리기 위해 꼬박꼬박 찾아갔다. 언젠가 꼭 해보고 싶은 일로 그림 그리기를 버킷리스트에 적어두고 있다가 불면과 우울 증상을 이겨내기 위해 2019년부터 그림을 배우기 시작했다.

그런데 그림을 제대로 배우거나 그려본 적이 없었던 내가 나이 쉰 살이 넘어서 미처 몰랐던 소질을 발견하게 되었다. 역시 사람은 무엇이든 일단 해봐야 안다. 게다가 주변에서 과장 섞인 칭찬을 해주는 바람에 흥미가 급격히 상승했다. 아주 특별한 일이 생기지 않는 한 빠트리지 않고 미술학원을 찾았고, 꾸준히 그리다 보니 실력이 조금씩 느는 게 스스로 느껴졌다. 연필 데생부터 시작해서 파스텔, 목탄을 거쳐 2년 전부터는 유화에 푹 빠졌다. 어느새 그림 그리기는 나의 부캐 중 하나로 확실히 자리매김했다.

그림 그리기는 나에게 두 가지 유익함을 안겨줬다. 첫째, 지금껏 경험한 적 없었던 색다른 즐거움을 느끼게 됐다. 그림을 시작하고 수개월쯤 지났을 때 비록 취미로 그리는 아마추어의 그림이지만, 소중한 인연을 맺어온 사람들에게 초상화를 선물하면 좋은 추억이 될 수 있겠다는 생각이 떠올랐다. 그래서 첫 번째로 가족들에게 초상화를 선물했다. 그리고 친구와 지인들 순으로 선물하기를 이어갔다. 초상화를 받고 좋아하는 지인들의 모습을 보며 더 큰 행복과 즐거움을 느꼈다.

둘째, 그림 그리기는 내 마음을 깨끗하게 정화해 줬다. 그림을 그리는 동안에는 기쁨, 슬픔, 괴로움 모두 다 잊은 채 마음속 고요의 바다에 가라앉을 수 있었다. 세 시간 동안 마치 명상하듯 오롯이 그림에만 집중했다. 절에서 변소를 근심을 푸는 곳이라는 뜻으로 '해우소(解憂所)'라고 부르는데, 나에겐 미술학원이 해우소인 것 같다. 미술학원을 나와 집으로 돌아오는 길의 마음과 발걸음은 더할 나위 없이 경쾌했다.

부캐나 취미생활로 기타, 드럼, 색소폰, 하모니카 등 악기를 배우는 사람도 있고, 캘리그래피나 서예를 배우는 사람도 있고, 주말에 텃밭을 일구는 사람도 있다. 만약 인생 후반전을 위한 적절한 취미 활동을 아직 찾지 못했다면 개인적으로는 그림 그리기를 적극 추천하고 싶다. 그림 그리기를 권할 때마다 그림에 도통 소질이 없다고 말하는 사람이 있는데 꾸준히 배우면서 그리다 보면 누구나 다 실력이 늘기 마련이다. 게다가 대학 입시나 밥벌이를 위해 그림을 그리는 것이 아니기 때문에 소질이나 실력을 따지기보다 흥미를 느끼는 것이 중요하다. 프로의 실력이 아니면 어떠한가? 내가 재밌으면 그만이다.

나는 내 인생의 소중한 인연 100명에게 초상화를 선물할 계획으로 2023년 5월까지 64개의 초상화를 그렸다. 앞으로 2년이 더 흐르면 100개가 채워질 것 같다. 100번째 선물을 전달한 후엔 특이한 전시회를 꿈꾸고 있다. 미리 그림을 전시해 놓고 사람들을 초대하는 것이 아니라 선물 받은 사람이 그림을 들고 참여하는 콘셉트다. 분위기 좋은 카페를 빌려 함께 맥주를 마시면서 그림에 얽힌 추억을 되새기고 세상 사는 얘기를 나누고 싶다. 전시회장 입구에는 초상화를 선물해 준 사람들에게 사전에 약속받은 대로 기부금 모금함을 비치할 생각이다. 기부를 통해 모인 돈으로 전시회 경비를 충당하고, 나머지는 모두의 이름으로 좋은 용처에 기부하려고 한다.

세상은 꾸준한 자에게 기회를 준다

몇 년 전, 글쓰기 앱 '브런치'를 알게 되었다. 처음에는 다른 사람이 쓴 글을 읽기만 했다. 그러다가 가벼운 주제로

직접 그려서 선물한 초상화들

글을 쓰기 시작했고 독자들의 반응을 보면서 조금씩 자신감이 붙었다. 급기야 책을 쓰기로 결정했다.

책을 쓰겠다고 결심할 수 있었던 계기가 있었다. 지난 2019년은 부모님의 결혼 50주년이 되는 해였다. 부모님께 어떤 선물을 해드릴까 고민하다가 문득 내가 직접 쓴 책을 드리면 좋을 것 같다는 생각이 떠올랐다. 책의 제목은 부모님으로부터 훌륭한 가르침을 받았다는 뜻에서 《위대한 유산》으로 정했고, 어릴 때부터 부모님과 얽힌 에피소드를 실었다.

2018년 가을부터 약 반년에 걸쳐 총 55개의 에피소드를 브런치에 연재한 후에 책으로 냈다. 정성을 다한다는 의미로 교정과 편집을 외부에 맡기지 않고 전부 직접했다. 표지 디자인 정도만 전문가의 도움을 받았다. 집필에서부터 책 출판까지 거의 모든 과정을 혼자 힘으로 다해낸 이 시간은 내 인생에서 뗄 수 없는 값진 경험이자 소중한 자산이 됐다.

이렇게 다양한 부캐 활동을 하다 보니 생각지도 못한 기회가 찾아왔다. 프로 작가도 아닐뿐더러 글 쓰는 재주가 남다른 것도 아닌데, 공식적으로 칼럼 연재 제의를 받은

나의 첫 번째 책,《위대한 유산》

것이다. 덕분에 2022년부터 10개월 동안 〈서울경제신문〉에서 4050세대를 위해 만든 미디어인 〈라이프점프〉에 "인생은 50부터!!"라는 제목의 칼럼을 연재했다. 2주마다 정기적으로 원고를 써 보내야하는 수고로움이 있었지만 즐거운 경험이었다. 칼럼의 반응이 괜찮았는지 또 다른 주제로 연재 칼럼 하나를 맡아 달라고 한다.

　내가 쉰 살이 넘어서 칼럼니스트가 될지 꿈에선들 상상이나 했겠는가. 나처럼 백 세 인생의 후반전에 상상도 못 했던 일이 여러 차례 일어날 수 있다. 그러니 평소 좋아하는 게 있으면 지치지 말고 꾸준히 지속하기를 권장한다. 기회는 준비하는 자에게만 찾아온다는 금과옥조를 잊지 말자.

즐기는 것이 정답이다

도대체 그 많은 활동을 어떻게 다 할 수 있냐는 질문을 자주 듣는다. 답은 명쾌하다. 첫째, 부캐 활동은 회사 업무가 아니다. 하고 싶은 것만, 좋아하는 일만 골라서 할 수 있다. 그러면 하나도 피곤하지 않다. 게임을 좋아하는 친구가 게임으로 밤새운 다음 날, 피곤하다고 하는 것을 본 적이 있는가? 둘째, 시간을 주도적으로 써야 한다. 시간에 끌려 다니지 말고 큰 틀의 계획을 세우고 그에 맞춰 움직여라. 그러면 여유는 저절로 생긴다. 셋째, 하고 싶은 일이 많을수록 그에 맞는 체력을 키우는 것이 필요하다. 체력이 뒷받침되지 않으면 하고 싶은 일을 제대로 할 수 없다.

뭔가를 하고 싶은 마음은 있지만 계획하고 준비하는 동안에만 바쁘고 정작 시작하지 못하는 사람이 많다. 그런 사람일수록 "내일부터는 꼭!"을 부르짖는다. 그렇지만 내일은 무슨 일이 생길지 어떻게 알겠는가? 살면서 뭔가를 하기에 적당한 시기란 없다. 우리는 이미 인생의 전반전을 통해 뭔가 시작하기 완벽한 시기는 절대 오지 않는다는 것을 잘 알고 있다.

인생의 장년기가 길어졌다. 인생 후반전에 해보고 싶은 일, 즐겁게 할 수 있는 일 중 하나라도 지속해 보자. 시작이 늦더라도 지금까지 해온 일들보다 더 큰 행복과 성과를 안겨줄 수 있을지도 모른다. 할 수 없는 이유를 떠올리지 말고, 하고 싶은 게 있으면 해야 하는 이유를 만들어서 바로 시작하자. 내가 하고 싶고, 즐길 수 있는 일이라면 시간은 저절로 내 편이 될 것이다. 잘하지 못해도 된다. 필사적으로 잘해야만 하는 이유가 없다는 것이 50대 이후에 찾아오는 여유의 선물이기도 하니까.

낡은 우울을 버리고
새로운 조각을 끼워 넣고 싶다면

삶으로부터 거리두기가 필요할 때

'여행'이라는 단어를 들으면 짧은 순간에 머릿속에 떠올랐다 사라지는 몇몇 장면들이 있다. 고속열차의 창밖에 파노라마처럼 펼쳐진 멋진 풍경, 어둠이 내려앉은 프라하 카를교 위 어느 뮤지션의 버스킹, 신안 증도의 짱뚱어 다리에서 본 붉게 물든 저녁노을, 밤안개에 가려 보일 듯 말 듯 애간장을 태우는 홋카이도 하코다테의 야경 등…. 여행이란 말은 듣기만 해도 내 마음을 설레게 한다.

여행이 주는 묘미는 단순히 나를 둘러싼 배경을 바

꾸는 것만이 아니라, 경험의 폭과 세계를 넓혀 익숙한 세상도 새로운 시각으로 바라볼 수 있게 해준다는 데에 있다. 건강 관리만 잘 한다면 앞으로 우리가 밟아볼 수 있는 땅은 무궁무진하다. 평소 가보고 싶었던 곳이 있다면 망설이지 말고 과감하게 밖으로 나서자.

내가 여행을 하는 이유는 크게 두 가지를 꼽을 수 있다. 먼저, 삶을 더 활기차고 윤택하게 만들고 싶어서다. 나는 번아웃이 엄습하기 전에 정기적으로 여행을 간다. 마치 당이 떨어지기 전에 미리 보충해 주는 것처럼 말이다. 꽤 오래전부터 해온 정기적인 여행은 이제 내 삶의 루틴으로 안착되어 있다. 여행이 조금 뜸해졌다 싶으면 여지없이 마음속에서 소요가 일어난다. 작가 무라카미 하루키의 말마따나 그것은 어쩌면 병인지도 모른다. 정말이지 가슴 저 밑바닥에서 끊임없이 울리는 듯한, 먼 북소리가 나를 떠나게 한다. 국내든 해외든, 산이든 바다든, 섬이든 육지든 상관없다. 여행 그 자체가 목적이자 과정이자 보상이기 때문이다.

여행을 나서는 다른 이유는 삶이 나를 속이는 상황이 발생했을 때 현재의 삶으로부터 거리를 두기 위해서

다. 누구나 살면서 화가 나고, 울고 싶고, 억울하고, 그냥 다 때려치우고 싶을 때가 있을 것이다. 나는 그런 순간마다 여행을 떠났다. 누구도 나를 알아보지 못하는 낯선 곳에서 아무런 방해 없이 내 마음을 마주하고 나면 다시 용기가 생겨나곤 했다.

일찍이 푸쉬킨은 "삶이 그대를 속일지라도 슬퍼하거나 노하지 말라."라고 했지만 성인군자가 아닌 이상 어떻게 그럴 수가 있겠는가. 삶이 나를 속여서 화가 나거나 속이 상할 때는 마땅히 그에 합당한 처방과 조치를 해줘야 한다. 그렇지 않으면 스트레스가 쌓여서 자칫 큰 병이 된다. 스트레스 관리의 철칙은 스트레스가 쌓일 때 적절하게 풀어주는 것이다. 그러니 쌓여서 '큰 병'이 되기 전에 '작은 여행'을 떠나는 것이다.

김영하 작가는 《여행의 이유》[13]에서 "기대와는 다른 현실에 실망하고, 대신 생각지도 않던 어떤 것을 얻고, 그로 인해 인생의 행로가 미묘하게 달라지고, 한참의 세월이 지나 오래전에 겪은 멀미의 기억과 파장을 떠올리고, 그러다 문득 자신이 어떤 사람인지 조금 더 알게 되는 것, 생각해 보면 나에게 여행은 언제나 그런 것이었다."라고 말한다. 그는 영감을 얻기 위해서 여행을 떠나는 것이 아니라 오히려 그것들과 멀어지기 위해 여행을 떠난다고 한다. 어찌 보면 내가 여행을 떠나는 이유인 '삶으로부터 거리두기'와도 일맥상통하는 것 같다.

사람이 너무 한 가지 일에만 매몰되어 있으면 여러 면에서 부작용이 생긴다. 무엇보다 마음의 평화가 깨지기 쉽다. 차면 때때로 비워야 한다. 그래야 다시 새로운 것을 채울 수 있다. 비워야 할 때라는 느낌이 왔다면 망설이지 말고 여행을 떠나자. 그래야 인생 후반전이 행복해진다.

관광을 여행으로 만드는 한 끗 차이

1994년, 여름방학을 이용해서 친구들과 배낭여행을 다녀왔다. 1년 넘게 아르바이트해서 돈을 모았고, 부모님께서 모자란 경비를 보태주신 덕에 한 달이 훌쩍 넘는 일정으로 장기 여행을 떠날 수 있었다. 영국, 프랑스, 덴마크, 오스트리아, 스위스, 이탈리아, 헝가리 등 유럽 13개 나라를 돌아다녔다. 주로 유레일 패스와 튼튼한 두 다리에 의지

1994년 6월 친구들과의 배낭여행(영국 런던)

한 여행이었다. 넉넉하지 못한 자금 사정으로 인해 상점에서 산 빵을 참 많이 먹었고, 교통비를 아끼느라 하루 평균 10km는 너끈히 걸어 다녔던 것 같다. 나중에 돌아와 보니 체중이 무려 8kg이나 빠져 있었다. 그 이후로 거의 6개월 동안 빵은 쳐다보지도 않았다.

　그렇게 걸어 다녔던 덕분에 지도를 보고 길을 찾아가는 데는 국가대표급 선수가 됐다. 손짓 몸짓 섞어 가며 영어로 대화도 해보고, 눈으로 보고, 귀로 듣고, 마음에 새긴 덕분에 스물다섯의 나이에 천금을 주고도 얻을 수 없는 경험을 했다. 그야말로 인생 여행이었다. 그리고 조만간 한 번 더 배낭여행을 떠날 계획이다.

이번에는 혼자 떠나는 여행이어도 좋겠다고 생각한다. 최근 혼술, 혼밥, 혼영 등 '나홀로족'이 증가하고 있다. 나도 가끔씩 혼자 떠나는 여행을 즐기곤 한다. 여럿이 함께 할 때와는 여행 전 설렘의 강도, 여행 중 느끼는 자유로움, 여행 후 마음의 정화 정도에 확연한 차이가 있다. 만약 아직 단 한 번도 혼자 여행을 떠난 적 없는 40~50대라면 인생 후반전이 시작되기 전 혼자 떠나 보길 강력히 추천한다. 처음에는 낯설고 두려울 수도 있고, 혹은 번거롭게 느껴질 수도 있다. 그렇지만 분명히 지금까지 겪어본 적 없는 생경한 경험이 또 다른 활력을 불어넣으리라고 확신한다.

오스트리아의 일간지 기자였던 카트린 지타는 어느 날 6개월 동안 한 번도 시원하게 웃은 적이 없다는 사실을 깨달았다. 자신이 진정 원하는 것이 무엇인지 알기 위해 처음으로 혼자 여행을 떠난다. 《내가 혼자 여행하는 이유》[14]에서 그녀는 "반복되는 생활에서 벗어나 낯선 곳으로 여행을 가면 생각을 방해하는 훼방꾼 없이 내면으로 깊이 파고들 수 있기 때문"에 혼자 여행하는 것을 추천한다.

똑같은 장소를 다녀오더라도 누구는 여행이라 하고

누구는 관광이라 칭하는 경우가 있다. 그 차이는 무엇일까? 나는 자신의 내면을 마주하는 과정의 유무에서 오는 차이라고 생각한다. 많이 보는 것과 깊이 보는 것, 벗어나기와 다다르기의 차이이기도 하다. 최대한 많은 지역을 밟아보고 많은 것을 눈에 담는 관광도 좋지만, 색다른 곳에 다다랐을 때 잠시 멈춰서 그곳에서의 또 다른 나를 마주보는 기회를 갖는다면 그게 어떤 여행이든 충만한 경험이 될 것이다.

개인적으로는 대학생 때 유럽 배낭여행을 하면서 절실히 느낀 게 있었다. 유럽의 종교사, 미술사를 조금이라도 공부하고 떠났다면 여행을 통해 보고 듣고 느낀 게 10배는 많았으리라는 점이다. 그래서 지금은 여행지가 정해지면 사전에 많은 준비를 하는 편이다. 무계획적인 여행을 좋아하는 사람들도 있지만, 나는 사전에 꼼꼼한 계획을 세워 그 틀 안에서 여행을 즐기는 스타일이다. 하나를 보더라도 제대로 알고 만끽하기 위해서다. 보고 듣는 데에 그치지 않고 내 것으로 소화시키려고 한다. 이처럼 앞으로의 삶에 있어서도 '관광객'이 아니라 '여행자'로서 살아가고 싶다.

여행을 통해 내 삶에 남기는 것들

여행이 한 번의 짧은 이벤트로 끝날 수도 있겠지만, 어쩌면 조금 더 의미 있고 기억에 오래 남을 수도 있지 않을까? 소위 '여행의 기술'이라는 것이 있다면 말이다. 무라카미 하루키는 《하루키의 여행법》[15]을 통해서 여행지에서의 순간에 최대한 집중하기 위한 자신의 여행 스타일을 밝혔다. 그 자신이 녹음기가 되고 카메라가 된다는 것이다. 작은 수첩에는 나중에 알아볼 수 있을 정도의 헤드라인만을 기록한다.

알랭 드 보통은 《여행의 기술》[16]에서 사진 찍기에 대해 일침을 날린다. 사진을 찍으면 어떤 장소의 아름다움을 보고 촉발된 소유욕을 어느 정도 달랠 수 있다. 귀중한 장면을 잊어버릴 것이라는 불안은 셔터를 누를 때마다 줄어든다. 그러나 카메라는 보는 것과 살피는 것 사이의 구별, 보는 것과 소유하는 것 사이의 구별을 흐려버린다. 카메라는 진정한 지식을 간직할 기회를 주기도 있지만, 사진을 찍음으로써 할 일을 다 했다는 느낌을 줄 수도 있다. 어느새 그 지식을 얻으려는 노력을 잉여의 것으로 만들어 버리는 것이다. 스마트폰으로 무엇이든 기록하고

지도를 보면 알 수 있듯이 타이완 여행은 크게 타이베이 (台北), 타이중(台中), 타이난(台南) 그리고 가오슝(高 雄) 지역으로 나누어 생각해 볼 수 있다.

3박 4일 일정으로 여행을 하려고 할 때, (타이베이 + 근 교(예류, 진과스, 스펀, 지우펀, 루이팡, 신베이터우, 단

♠ 홋카이도(北海道) 레일패스로 떠나는 기차여행 홋카이도는 대한민국 면적의 80%에 달할 만큼 크고 넓 으며, 크게 도북(왓카나이), 도동(시레토코/쿠시로), 도 중(삿포로/노보리베츠/후라노/비에이/아사히카와), 도 남(하코다테) 지방으로 나뉜다. 각 지역마다 다채로운 특

브런치에 기록한 나의 타이완, 홋카이도 여행일지

보는 요즘 시대에 한 번쯤 생각해 볼 만한 이야기다.

　내가 추천하는 여행의 기술은, 그 순간의 추억을 오 래 간직하기 위해 짧게라도 여행기를 써보는 것이다. 사 진으로는 여행지에 대한 느낌과 생각을 담기에 한계가 있다. 나는 여행 중 이동 시간이나 잠들기 전에 짬을 내서 짧게 메모를 해둔다. 그리고 나중에 그 메모들을 사진과 함께 연결하면 여행기를 완성할 수 있다. 기록은 당시의 내 느낌과 생각을 수시로 꺼내볼 수 있게 해준다. 그리고 그 '꺼내봄'을 통해 삶의 '돌아봄'이 이루어진다.

"사람이 여행을 하는 것은 도착하기 위해서가 아니라 여행하기 위해서다."라는 괴테의 말처럼 진정한 여행은 단순히 어느 여행지를 찾아가서 둘러보고 오는 것이 아니다. 언제든 반추해 볼 수 있는, 내 자산으로 만들려는 나름의 목적 의식이 깃들어 있어야 한다.

그리고 그 여행지에서의 시공간과 나를 조화시키려는 노력도 필요하다. 그렇지 않으면 내면에 남는 것은 하나도 없는 껍데기뿐인 여행이 될 확률이 크다. 젊은 시절에 비하면 우리 삶에는 이미 많은 경험과 가치가 녹아 있다. 예전에는 여행이 낯선 환경과 문화를 접하는 과정이었다면 이제는 내 삶에서 비어 있던 부분을 채우는, 한층더 의미 있는 시간이 될 것이다. 그래서 삶의 후반전에 이르렀을 때 더더욱 여행을 떠나야 한다. 분명 생각지 못했던 경험을 한아름 안고 돌아올 수 있으리라고 믿는다.

책 읽는 습관
백 세까지 간다

우리에겐 여전히 생각하는 힘이 필요하다

연간 종합 독서율은 1년간 교과서와 학습 참고서, 수험서, 잡지, 만화 등을 제외한 일반 도서를 1권 이상 읽거나 들은 사람의 비율을 말한다. 그리고 2021년 국민 독서 실태 조사에 따르면 우리나라 국민의 연간 종합 독서율은 47.5%이고, 국민 1인당 종합 독서량은 4.5권이라고 한다. OECD 국가 중 최하위 수준이다. 더구나 수년 전부터 남녀노소를 가리지 않고 책보다 동영상을 선호하는 추세가 이어지고 있다. 월 평균 유튜브 이용 시간이 최근 몇 년 동안 지속적으로 증가한 것이 그 방증이다. 그러다 보니 상대적으로 독서량은 계속 줄어들고 있다.

나는 책을 매달 5권 정도 사서 읽는 편이다. 꾸준한 독서 습관이 몸에 밴 것은 어릴 때부터 부모님이 특별히 신경을 써주신 덕분이다. 초등학교 3학년 때는 아버지께서 사다 주신 《소년 삼국지》에 푹 빠져서 밤새도록 읽다가 다음 날 수업 시간 내내 조는 바람에 선생님께 혼이 난 적도 있다. 흥미 있는 책을 만나면 잠자는 것도 잊고 책을 놓지 못하는 버릇은 지금도 여전하다. 세 살 적 버릇이 여든까지 간다고 하지 않던가. 아, 이젠 백 세까지 간다고 해야 할 것 같다.

최근에는 디지털 시대에 접어들면서 독서 방식도 많이 바뀌고 있다. 전자책에 이어 AI나 성우가 직접 책을 읽어주는 오디오북 서비스도 등장했다. 다만 나는 여전히 종이책을 선호하는 편이다. 종이책에서만 느낄 수 있는 즐거움은 다른 독서 방식과 결코 견줄 수 없다. 연필로 비뚤비뚤하게 밑줄을 치는 것도 좋고, 무엇보다 책장을 넘길 때 나는 바스락 소리와 손가락 끝에 닿는 종이의 감촉은 감히 전자책이 당해내지 못한다. 그러나 각자의 환경과 성향에 따라서 선호도는 달라지기 마련이니, 책을 접하는 기회가 늘어나는 것은 반가운 변화다.

국제성인역량조사(PIAAC)에서 우리나라 16~24세의 언어 능력 및 수리력 점수는 OECD 국가들 중에서도 최상위 수준이지만, 중장년층의 언어능력 및 수리력 점수는 상당히 낮아 연령별 역량 격차가 가장 심한 나라에 속한다. 연령이 높아질수록 문해력 점수가 떨어지는 현상 자체는 일반적이다. 다만, 우리나라의 경우 그 격차가 매우 크다는 점이 타 회원국과 다르다. 이는 '독서 부족'이 주요 원인 중 하나라고 생각한다. 독서량이 선진국임을 보여주는 주요 지표는 아니지만, 앞서 있는 경제 분야의 지표에 비해 우리나라가 뒤처져 있다는 건 부인할 수 없는 사실이다.

비단 독서량뿐만 아니라 평소 미술관이나 박물관을 찾는 횟수도 매우 낮은 수준이다. 문화적·예술적인 사유의 수준을 높일수록 우리가 보는 세상은 더 다양하고 넓어지기 마련이다. 요즘 재미있고 유익한 영상 콘텐츠들이 넘쳐나지만 거기에 너무 매몰되는 것은 경계해야 한다. 나의 관심 분야만 반영된 알고리즘을 따르다 보면 획일적인 콘텐츠들에 노출되며 폭 넓은 시야가 뒷받침되어야 하는 사고력이나 창의성은 퇴화하게 된다.

백 세 인생 시대의 도래와 인공지능의 발달 등 변화는 이미 우리 곁에서 일어나고 있다. 앞으로 더 새로워질 미래에 대비하기 위해서는 사고력과 창의성이 중요하다. 특히 교육 과정을 따르며 지식을 다방면으로 습득하게 되는 청소년기와 달리 나이가 들다 보면 새로운 지식을 받아들이려는 시도와 노력이 줄어드는 경우가 많다. 다만 기존에 우리가 가지고 있었던 지식과 경험만으로는 빠르게 변화하는 세상에 적응하기 어렵다. 이를 대비하는 가장 쉽고도 안전하고 확실한 방법이 바로 독서다.

세상이 빠르게 변화한다는 것은 그만큼 인류가 아는 것이 많아지고 편의성이 높아지고 있다는 뜻이기도 하다. 그 와중에 시대 변화를 따라가기 어렵다고 느끼며 제자리에 머무는 것은 너무 아깝지 않을까. 독서는 내가 바라보는 세상의 해상도를 높여주고, 여전히 우리가 그 안에서 사유하며 행동할 수 있는 밑거름이 된다.

기록으로 기억하는 방법

많은 사람들이 매년 새해를 앞두고 굳은 결심과 함께 목표를 세운다. 나는 항상 독서량을 새해 목표에 포함시킨다. 당초 목표했던 매주 1권, 연간 52권에는 살짝 못 미쳤지만 2022년에는 한 해 동안 45권을 읽었다. 물론 반드시 많은 책을 읽어야 하는 것은 아니다. 그래도 최소한 매달 1권 이상 읽기를 권하고 싶다. 괜히 독서가 마음의 양식이라고 불리는 건 아니니까 말이다.

나는 책을 읽을 때 책 내용 중 기억에 남는 부분을 기록하는 것을 좋아한다. 책을 읽고 나면 '에버노트'라는 앱에 독서 기록을 남기는데, 그러면 책의 정수를 좀 더 명료하게 기억할 수 있을 뿐 아니라 독서량도 정확하게 알고 관리할 수 있다. 처음에는 귀찮기도 했지만 지금은 기록을 남기지 않으면 마치 마지막 챕터를 읽지 않고 책장을 덮어 버린 것 같은 느낌마저 든다.

다산 정약용은 책을 접할 때 단순히 많이 읽는 다독이 아닌 초서(抄書)를 강조했다. 초서란 책에서 중요한 부분을 뽑아서 직접 기록하며 책을 읽는 방식이다. 느리지만 핵심을 공부하는 방법이다. 단 한 줄이라도 좋다. 독서 후에 기록을 남기는 습관을 들여 보자. 독서의 맛이 달라질 것이다.

에버노트에 저장된 독서 기록을 이렇게 활용한다. 첫째, 가끔씩 외부 강연이 있을 때마다 강의 자료 작성에 요긴하게 차용한다. 둘째, 글쓰기에 적절하게 활용한다. 글이 잘 안 써지고 답답할 때 지난 독서 기록을 편안한 마음으로 훑어본다. 그러다 보면 갑자기 돌파구를 찾은 듯 새로운 영감이 떠오르기도 한다. 셋째, 독서 기록 중 일부는 SNS를 통해서 공유한다. 나의 기록을 나누고 다른 이들의 기록도 참고할 수 있어서 좋다. 세상에는 책 읽기와 독서 기록의 숨은 고수들이 즐비하다.

나만의 독특한 독서 방법

책은 간접 경험을 가능하게 할 뿐 아니라 각 분야 전문가들의 깊은 사유를 안겨주는 콘텐츠이다. 그러니 책을 읽는 것은 내가 경험하지 못했던 세계에 발을 들이는 데 가장 좋은 마중물이다. 그래서 인생 2막을 위해서 뭘 해야 할지 모르겠다는 생각이 들 때는 책을 꾸준히 읽는 것만으로도 도움이 될 수 있다. 머릿속의 빈 공간에 생각의 재료를 채우는 데 책만큼 좋은 게 없다. 독서를 하다 보면 분명히 아이디어가 하나둘 떠오를 것이다.

가끔 주변에서 책을 어떻게 그렇게 빨리, 많이 읽고 독서 기록까지 남길 수 있느냐고 신기해하기도 한다. 사실 독서 방법에 정답이나 정석은 없다. 저마다 책에 손이 잘 가는, 덜 부담스러운 방법을 찾으면 된다. 독서를 습관화하고 싶은데 어떤 방식이 좋을지 막막한 이들을 위해 참고 삼아 나만의 독서 방법을 소개해 본다.

첫째, 손에 책을 들고 다니며 지하철 출퇴근 시간을 독서에 활용한다. 하루 30~40분이면 출근하는 날로만 계산해도 1년에 약 6일이 넘는다. 이것을 10년, 20년 계속하면 상당한 시간이 된다.

둘째, 최소 3권에서 최대 5권까지 동시에 읽는다. 출퇴근길 대중교통에서 읽는 책, 침대에서 잠들기 전 읽는 책, 점심 시간에 사무실에서 읽는 책 등 때와 장소에 따라 읽는 책을 달리하며 여러 종류의 책을 한꺼번에 섭렵한다. 개인적으로는 이 독서법을 '통섭을 목적으로 한 다중 읽기'라고 부른다. 실제로 동시에 읽고 있는 책들 간에 통섭이 일어나서 따로 읽었을 때보다 독서 효과가 배가될 때가 많다.

셋째, 책 또는 글의 종류마다 읽는 방법이 다르다. 시를 읽을 때는 단어 하나하나를 음미하면서 읽는다. 소설이나 수필의 경우엔 스토리 중심으로 빨리 읽는다. 인문 교양서적의 경우 한 페이지 단위로 띄엄띄엄 핵심 부분만 골라서 더 빨리 읽는다. 그러다가 집중적으로 파고들 부분이 있으면 골똘히 그 부분에 몰입하기도 한다. 어차피 책 1권의 내용을 미주알고주알 다 기억할 수는 없다. 때론 과감한 생략과 책장 넘기기가 정답이다. 영국 경험론의 선구자인 프랜시스 베이컨이 이런 말을 했다. "어떤 책들은 맛보기용이고 어떤 책들은 삼키기용이며 몇몇 책들은 씹고 소화시키는 용도다. 즉, 어떤 책들은 일부만 읽으면 되고 어떤 책들은 다 읽되 호기심을 가질 필요는 없으며 몇몇 책들은 완전하고 충실하고 주의 깊게 읽어야 한다."

넷째, 책을 읽으면서 열심히 밑줄 긋기, 체크 표시하기, 별표 표시하기를 한다. 여기서 체크 표시한 것과 별표 표시한 것 모두 독서 기록으로 옮겨 적는다. 그러면 기록하면서 자연스럽게 두 번째 읽기가 되는 동시에 책에서 내가 꼭 기억하고 싶은 내용들이 추려진다.

　다독가로 알려진 '우아한 형제들' 김봉진 대표는 스스로를 과시적 독서가라고 부른다. 읽은 내용을 써먹고, 은근히 자랑하기도 하기 때문이다. 그는 읽지 않은 책에 죄책감 갖지 않기, 순서대로 읽지 않기, 가방에 책 1권 두기, 일주일에 1권 읽기, 책을 통해 시대정신 읽기, SNS에 책 자랑하기 등 재미있고 다양한 독서 방법을 실천하고 있다고 한다. 적어도 독서 방법에 관해서는 나랑 닮은 점이 있어 보인다.

날이 갈수록 자꾸 새로운 게 등장해 잘 모르는 것들이 늘어난다. 누가 내 멘토가 되어 그런 부분들을 잘 알려 주면 좋겠다는 생각을 해본 적이 있을 것이다. 멘토가 반드시 살아있는 인물일 필요는 없다. 책 속의 멘토들은 시공간을 초월하여 나와 일대일로 교감해 준다. 독서를 통한 배움을 삶으로 옮길 수 있다면 어떤 변수에도 흔들리지 않고 인생의 주인이 되어 살아갈 수 있을 것이다.

　내 인생의 주인공으로 살기 위해서는 창의적인 사고와 부단한 배움이 꼭 필요하다. 독서를 통해 정신적인 성장을 멈추지 않기를 권한다. 꾸준한 독서를 통해 인생 후반전의 좋은 기회와 계속해서 접점을 만들어 보자. 독서는 이상에서 실현까지의 간격을 좁히는 가장 확실하고 좋은 방법이다.

고성균 | 대한민국의 군인이며, 최종 계급은 육군 소장이다. 제31보병사단장, 육군훈련소장, 육군사관학교장 등을 역임했다. 전역 이후 경영학 박사 학위를 취득했고, 숙명여자대학교의 안보학과 교수로 재직했다. 2021년 5월 31일부터 군튜버로 활동 중이다. 유튜브 채널 및 다수의 방송 프로그램에 초대 손님으로도 출연하는 등 활발한 활동을 펼치고 있다.

유튜브 채널 '고성균의 장군! 명군!'의 주인공

고성균

[호기심 인터뷰 ②]

예비역 장군님이
유튜버시라고요?

군 장성 출신의 유튜버는 보기 드문데 어떤 계기로 유튜버가 되었는가?

2016년에 전역하고 숙명여대에서 안보학 관련 강의를 했다. 여대생은 입영 대상자가 아닌데도 강의를 관심 있게 듣는 학생이 꽤 많았다. 급기야 점점 인기 강의로 입소문이 나서 수강 신청 대기자가 생길 정도로 수강생이 넘쳐났다. 그때 문득 이런 생각이 들었다. '상당수의 국민이 군에 대해 다소 부정적인 시각을 가지고 있는데, 군 장성 출신으로서 이런 인식을 바꾸는 데 내가 어떤 역할을 해볼 수 있지 않을까?' 국가와 사회를 위해 마지막으로 봉사한다는 마음으로 군에 대한 긍정적 인식을 높이고 군의 변화에 관한 홍보도 하고자 유튜브를 시작하게 됐다.

인생 2막에 유튜버로 활동하는 소감은?

비록 신체는 늙고 있지만 마음은 다시 젊어지는 것 같은 느낌을 받고 있다. 유튜브를 하면서 엔도르핀이 샘솟는 것 같다. 게다가 식당, 지하철 등에서 나를 알아보고 반갑게 인사를 건네는 사람들이 꽤 늘었다. 같이 사진을 찍자는 사람도 있다. 유튜브 활동을 통해서 군에 대해 더 친근한 이미지를 남긴 것 같아 보람차고 뿌듯하다.

인생의 1막에서 이런 부분을 좀 더 미리 준비했더라면
하는 아쉬움이 있다면?

자기 계발에 좀 더 매진했더라면 하는 아쉬움이 있다.
영어 교육이나 해외 연수의 기회가 있었는데, 야근도
많고 업무에서 몸을 빼기 힘든 근무지로 인사 발령이
이어지다 보니 결국 기회를 잡지 못했다. 어찌 보면
핑계라고 볼 수도 있겠으나 그 당시는 도저히 어떻게
해볼 수 없는 상황이었다. 요즘 유튜브 채널 운영에
필요한 다양한 자료를 수집하는 과정에서 외국어 공
부의 중요성을 더 절실히 느끼고 있다. 꼭 외국어 공
부만이 아니라, 음악이든 미술이든 자기가 하고 싶은
것에 대해 미리 조금씩이라도 준비해 두면 은퇴 이후
에도 즐겁게 생활할 수 있으리라고 본다.

유튜브 촬영이나 편집은 어떻게 하는가?

유튜브를 시작하기 전에 책 3권을 사서 공부를 많이
했다. 처음부터 비싼 장비를 사는 것은 아니다 싶어서
스마트폰으로 집에서 10분 내외의 영상을 찍고 편집

없이 그대로 업로드할 생각이었다. 그런데 지인의 추천으로 사전 세팅이 돼 있는 전문 스튜디오를 알게 됐다. 그래서 스튜디오를 이용해 촬영도 하고 편집도 하게 됐다.

그런데 오가는 시간, 비용 등이 문제였다. 결국 다시 집으로 촬영 장소를 옮겼고 시행착오를 거쳐 이제 웬만한 촬영은 혼자 힘으로 할 수 있게 됐다. 일상적인 촬영은 집에서 직접 촬영하고 외부 현장을 방문해 촬영할 경우에만 지인의 도움을 받고 있다.

영상 편집은 별도의 교육을 받기도 했는데 아무리 노력해도 도저히 따라잡을 수 없는 부분이라 외부 전문가의 힘을 빌려서 하고 있다. 편집에 쓸 노력과 시간을 아껴 콘텐츠를 기획하는 데 투자하는 편을 택했다. 하지만 직접 편집하지 않더라도 그에 관한 공부를 충분히 해두는 것은 필요하다. 그래야 편집을 염두에 두고 촬영할 수 있고, 전문가에게 맡길 때도 요구사항을 명확하게 전달할 수 있다.

2021년 5월 31일에 채널을 오픈해서 지금까지 7만여 명의 구독자를 모았다. 나름의 노하우가 있다면?

전반적으로 운이 좋았다. 스스로 노력한 부분은 크게 두 가지다. 첫째는 솔직함이다. 유튜브 채널을 운영하기 시작하면서 나름대로 운영 원칙을 정했다. 엔터테이너 지향, 정보 전달, 재미 추구다. 이 세 가지를 염두하며 콘텐츠를 만들었는데 그 밑바탕에는 모두 솔직함이 깃들어 있다. 이런 부분이 시청자들에게 잘 어필된 것 같다.

둘째는 양방향 소통을 위한 노력이다. 진정성을 가지고 모든 댓글을 관리한다. 초창기에는 댓글에 일일이 답변을 달았는데, 어떤 날은 시간 가는 줄 모르고 새벽 3시까지 댓글을 단 적도 있다. 댓글로 의견을 주고받다가 서로 생각이 다를 때는 이메일을 주고받으면서 대화를 나누기도 했다. 그러다 보면 오해가 풀리고 서로의 의견을 이해하게 된다. 채널 이름이 '장군멍군'인 이유도 양방향 소통에 중점을 두겠다는 의지의 표현이다.

또 다른 채널과의 합동 작업도 큰 도움이 되었

다. 유튜브 채널 'BODA'에 출연한 영상은 조회 수가 500만 회가 넘었고, 〈이제 만나러 갑니다〉라는 방송 프로그램에 출연 요청을 받기도 했다. 이런 영상을 보고 내 유튜브 채널에 찾아오는 구독자들도 많다.

영상 콘텐츠의 소재가 다양하다. 평소 콘텐츠 기획과 발굴은 어떻게 하는가?

군 생활을 시작한 소위 시절부터 소장 때까지 계급별로 겪었던 에피소드나 느꼈던 점 등을 사전에 리스트로 정리해, 그에 맞춰 하나씩 콘텐츠를 제작한다. 그리고 댓글로 소통하는 과정에서 콘텐츠 제작 아이디어를 얻기도 한다. 너무 내 얘기만 늘어놓으면 식상할 수 있다는 생각에 아덴만 여명 작전을 수행했던 해군 제독님을 초대해서 이야기를 듣기도 했다. 그 외에도 전방 부대를 방문해 촬영하기도 하고, 구독자가 운영하는 식당에 가는 등 나름대로 콘텐츠 다변화를 위해 끊임없이 노력하고 있다.

평소 해보고 싶은 일이 있을 때 어떻게 준비하고 실천하는가?

하고 싶은 일, 해야 할 일 등을 사전에 적어놓는 스타일이다. 평소에 메모를 잘 하는 편이고 예전에는 일기도 꼬박꼬박 썼다. 버킷 리스트라는 용어를 몰랐을 때부터 하고 싶은 일을 기록하는 것이 생활화되어 있었다. 특히 전역하기 10년 전 즈음부터는 나중에 해보고 싶은 일들을 구체적으로 기록하기 시작했다.

군에서 오랜 기간을 지내다 보니 문화생활을 접할 기회가 상대적으로 적었기 때문에 지금 내 버킷 리스트에는 아내와 같이 해외 여행 떠나기, 성악 공부하기, 시니어 모델로 활동해 보기, 바리스타 자격증 따기, 유튜브 구독자 20만 달성하기 등이 적혀 있다. 이미 달성한 것도 있고 또 새로 추가되는 것도 있는데 건강을 유지하면서 꾸준히 하나씩 실천할 계획이다.

백 세 인생 시대다. 유튜버 활동 외에 다른 계획이나
꿈이 있다면?

지금은 책 발간을 준비하고 있다. 또 나의 경험과 지
식을 바탕으로 국민과 소통하는 강연자가 되고 싶기
도 하다. 강연 활동을 통해 상하 세대 간, 좌우 이념 간
의 대립이 너무 심해진 우리 사회의 갈등을 완화하는
데 미력이나마 기여하고 싶다.

마틴 루터 킹은 평등(Equality), 오프라 윈프리는 마음
(Heart), 윈스턴 처칠은 승리(Victory), 스티브 잡스는 영
향력(Impact). 이렇게 단 하나의 단어로 이들의 모든 인
생과 성취가 설명된다. 본인이 추구하는 삶을 대표하
는 하나의 단어가 있다면?

단연코 소통이다. 고교 시절 문과 반의 대표로서 이과
반의 대표와 소통하기 위해 노력했던 일, 초급 군 간
부 시절에 대표로 나서서 껄끄러운 얘기도 한참 윗 선
배에게 전했던 일, 부사관들과 허심탄회한 소통을 통
해 부대 분위기를 화기애애하게 만들었던 일 등 내 인

생은 소통을 빼고는 이야기할 수가 없다. 꼴통 소리도 많이 들었고 거센 비난도 감수했다. 하지만 그때마다 꼭 필요한 말을 했기에 후회는 없다.

그 덕분인지 지금은 모교인 강릉고등학교 야구부 후원회장을 맡아서 열심히 뛰고 있다. 앞으로 남은 인생도 유튜버로서, 또 강연자로서 사회 통합을 위해 적극적으로 소통하면서 살 계획이다.

4

행복한 삶

적자생존의 시대,
하고 싶은 일이 있다면 이것부터

적는 사람이 살아남는다

'적자생존'은 환경에 가장 잘 적응하는 생물이나 집단이 살아남는다는 뜻이다. 다윈의《종의 기원》이나 스펜서의 《생물학의 원리》에 대한 이야기를 하려는 것이 아니다. 내가 여기서 말하는 '적자생존'은 진화론과는 전혀 다른 이야기지만 백 세 인생 시대를 잘 살아가는 방법이라는 공통점이 있다.

내가 신입 사원 티를 막 벗었을 무렵, 회사에서 마련한 교육 워크숍에 참가했다. 정례적인 교육 프로그램이었지만 "이게 무슨 일이야?"란 말이 튀어나올 정도로 교육 내용은 나의 예상을 완전히 뛰어넘었다. 당시 강사가 우리에게 내준 첫 번째 과제는 가족에게 남길 유언장을 작성하라는 것이었다. 다들 당황해서 웅성대던 강의실이 곧 침묵에 빠져들었다. 주어진 시간은 30분이었지만 빈 노트를 내려다보고 멍하니 앉은 채 시간을 죽이고 있는 사람들이 대부분이었다. 유언장에 대해 생각해 본 적이 단 한 번도 없었기 때문이다.

그다음 과제도 비슷했다. 시한부 인생을 선고받고 딱 1년의 시간이 주어졌을 때 죽기 전에 꼭 해보고 싶은 일, 소위 버킷 리스트를 적어보라는 것이었다. 유언장보다는 수월한 과제였지만 이 또한 제대로 생각해 본 적이 없었기에 더욱 어려웠다. 왜 이런 것을 자꾸 시켜서 난감한 상황을 만드는지 몹시 당황스러웠다.

그런데 사실 이 두 과제의 의도는 유언장과 버킷 리스트를 작성하는 행위 자체에 있는 것이 아니다. 평소 중요하다고 생각하는 무언가를 머릿속에만 남겨 두지 말고 기록하고 적는 습관을 일상화하라는 뜻이었다.

강사의 말을 빌리자면, "적자생존, '적는 사람'이 살아남는 시대"라는 것이었다. 일단 적어놓고 그 내용을 들여다보면서 실천하는 것과 그때그때 기분에 따라 행동하는 것. 똑같은 행동이라도 과정이 다르면 차원이 다른 결과를 낳는다. 죽기 전에 꼭 해보고 싶은 일들도 마찬가지다. 일단 적어놓으면 언젠가는 실현하게 되지만, 머릿속에만 있는 것들은 망각되어 결국 증발된다는 것이다. 그래서 목표를 세울 때는 언제까지 어떻게 달성하겠다는 메모를 일상화하라고 했다. 그것이 삶의 루틴이 된다면 이후의 삶은 지금까지와 달라질 것이라고 말이다.

지금은 강사님의 이름도, 얼굴도 기억나지 않지만 그분의 말씀은 당시 30대 초반이었던 내게 엄청난 교훈을 주었다. 그날 이후 지금까지 '적자생존'을 내 삶의 첫 번째 원칙으로 삼고 실천하고 있다. 그뿐만 아니라 기회가 있을 때마다 주변 사람들에게, 특히 후배들에게 '적자생존'의 중요성을 설파하곤 한다.

"오늘 당장 아주 작은 것부터 적어 봐라. 그리고 그것을 자주 들여다봐라. 필요하면 수정하고 보완해라. 1년이 지나면 제법 많이 달라진 삶을 몸소 느낄 수 있을 것이다."

작은 성공부터 시작하자

우선 매년 마음속으로만 다짐했던 새해 목표를 작은 수첩에 적는 것부터 시작했다. 수첩에 기록하기 이전에는 불굴의 의지로 꼭 성취해 낼 것 같던 새해 목표들이 시간이 지나며 점점 흐려져 흐지부지되곤 했다. 그렇게 흔적도 없이 사라졌던 목표들이 얼마나 많았을까. 그런데 목표를 기록한 이후부터 기록이 증거가 되어 연말이 되면 어떤 점에서는 뿌듯함을, 어떤 점에서는 부끄러움을 느끼게 됐다. 적는 순간부터 저절로 실천에 대한 관리가 되기 시작한 것이다. 그렇게 내 삶이 달라졌다.

처음에는 수첩을 이용했지만 스마트폰이 나온 이후로는 메모 앱을 이용해서 편리하게 기록하고 있다. 도구가 중요한 것이 아니라 얼마나 손쉽게 쓸 수 있는지가 중요하다. 꼭 한 가지 강조하고 싶은 것은 '작은 성공'이다. 옛말에 고기도 먹어본 사람이 잘 먹는다고 했던가. 한 번 성공의 맛을 본 사람은 어떻게 하면 성공에 이를 수 있는지 깨달아, 조금씩 더 큰 성공으로 나아갈 수 있게 된다.

그래서 처음에는 우선 작은 목표를 세우고 그것을 성취하는 경험이 중요하다. 하루에 1권이 아니라 한 달에

1권의 책을 읽겠다는 실현 가능한 목표를 먼저 달성한 뒤에 2권, 3권으로 늘리는 것이다. 이렇게 체크리스트를 달성하다 보면 남을 따라가는 '팔로워'가 아니라 '퍼스트 무버'로 삶을 개척하게 될 것이다. 그것이 삶이 달라지는 출발점이다.

나는 언젠가부터 버킷 리스트를 적고 달성한 것을 하나씩 지워나가기 시작했다. 그중에는 글쓰기, 그림 그리기와 전시회 가보기 등 당장 실천할 수 있었던 것도 있고, 제주도에 집 짓고 살기, 인생 1막을 마무리하면서 타투하기 등 퇴직 이후에나 실천 가능한 것도 있다. 또 버킷 리스트를 적기 시작한 이후부터 수정 없이 줄곧 그대로 유지된 것도 있고, 변심으로 인해 삭제된 것도 있으며, 또 몇 번의 수정을 통해 좀 더 구체적으로 보완된 것도 있다.

이처럼 계속해서 수정·보완하다 보면 리스트에서 탈락하지 않고 살아남거나 지속적으로 재등장하는 것이 보인다. 그것들이 진정으로 내게 의미 있는 것이고 죽기 전에 꼭 해야 할 일이다. 결국 버킷 리스트는 한 번뿐인 인생에서 정말 하고 싶은 것을 찾기 위해 매일매일 머리와 가슴 사이를 저울질한 산물이기도 한 셈이다. 현재 내 버킷 리스트에는 100명의 지인에게 초상화 선물하기, 코리아 둘레길 완주하기, 산티아고 성지 순례하기, 해외에서 한국어 교사로 활동하기, 바리스타 자격증 따기, 이탈리아 요리 배우기 등이 등재되어 있다. 내 버킷 리스트는 꾸준히 수정·보완을 거듭하는 현재 진행형 기록이다.

성취를 남길 것인가, 후회를 남길 것인가

문화심리학자인 김정운 교수는《바닷가 작업실에서는 전혀 다른 시간이 흐른다》[17]에서 "'한 일에 대한 후회'는 오래가지 않는다. (…) 그러나 '하지 않은 일에 대한 후회'는 쉽게 정당화되지 않는다. '한 일에 대한 후회'는 내가 한 행동, 그 단 한 가지 변인만 생각하면 되지만, '하지 않은 일에 대한 후회'는 '그 일을 했다면' 일어날 수 있는 변인이 너무 많기 때문이다."라고 말한다.

후회할 일을 만들고 싶은 사람은 없을 것이다. 후회하지 않는 삶을 살 수 있다면 좋겠지만 그런 삶은 불가능에 가깝다. 후회를 덜 남기는 것이 최선이라 생각한다. 한 번뿐인 인생에 후회를 덜 남기는 방법에는 여러 가지가 있을 수 있다. 내가 생각하는 방법은 여건이 허락하는 범위 내에서 하고 싶은 일들을 최대한 다 해보는 것이다. 버킷리스트를 작성하고, 하나씩 달성하며 지워나가는 것이 하나의 방법이 될 수 있다.

인생에서 성취감을 얻지 못하고 결핍을 느끼는 이유는 자신이 원하는 것이 무엇인지 깨닫고 그에 따라 결정한 적이 없기 때문이다. 우리는 살면서 책임과 의무를 다하는 데에는 충실했지만 막상 내가 원하는 것을 진지하게 생각할 수 있는 시간은 많지 않았다. 그것을 '어떻게 하느냐'는 나중의 문제다. 중요한 것은 '무엇을 원하는지'를 아는 것이다.

　아무리 백 세 시대라지만 오십이라는 나이가 하고 싶었던 일을 시작하기에 늦은 나이라고 느낄 수도 있다. 이미 내 인생이 어느 정도 결정된 시점이라고 생각할 수도 있다. 하지만 그렇다면 오히려 더 마음이 편해진다. 큰돈을 벌겠다고 아등바등할 필요 없이, 결과에 집착할 필요 없이 자유롭게 좋아하는 일을 할 수 있다는 뜻이기도 하니 말이다. 하고 싶은 일로 돈도 벌 수 있으면 여러모로 좋은 일이다. 마음을 편하게 먹는 편이 의욕도 생기고 정신 건강에도 도움이 된다.

지금까지 살아온 세월이 주어진 책임과 의무를 다하는 시간이었다면, 나머지 시간은 타인의 시선에서 벗어나 내가 하고 싶은 것을 하자. 오늘은 산책을 나가서 분위기 좋은 카페에 앉아 책 20페이지를 읽겠다는 아주 작은 목표부터 시작해도 좋다. 그걸 메모장에 적고, 자기 전에 오늘의 성취를 체크해 보자. 그렇게 첫걸음을 떼고, 버킷리스트를 늘려나가다 보면 뭘 해야 할지 몰랐던 시간들이 매 순간 기대되는 날들로 채워져가는 걸 느끼게 될 것이다.

남이 아니라
내 보폭에 맞춘 기준을 찾자

타인의 시선은 중요하지 않다

《이 한마디가 나를 살렸다》[18]의 저자 김미경은 타인의 시선에 대해 다음과 같이 말한다. "남이 나를 보는 건 KTX 타고 논밭 풍경 보는 거랑 똑같은 거예요. (…) 책을 읽듯 자세히 들여다보지 않아요. 보더라도 오래 기억하지도 않고요." 우리는 무의식중에 다른 사람의 생각을 신경 쓰지만, 정작 그는 별생각이 없다는 것이다.

우리나라에서는 유독 타인의 시선을 의식하는 분위기가 조성되어 있는 것 같다. '어제 입던 옷을 또 입고 가면 직장 동료들이 흉보겠지? 이 옷은 너무 튀어 보일까? 이런 헤어스타일은 촌스럽다고 하려나?' 단언컨대 쓸데없는 고민이다. 사람들은 각자 자기 인생을 사느라 바쁘기 때문에 남에게 그리 큰 관심이 없다. 그러니 남에게 내가 어떻게 보일지, 나를 어떻게 생각할지 너무 고민하지 않아도 된다. 내가 하고 싶은 대로 하고 살아도 아무 일도 일어나지 않는다. 그저 나의 행동으로 남에게 피해를 주지 않으면 문제 없다.

대인관계에 있어서 나의 말과 행동이 다른 사람에게 어떤 영향을 미칠지 고려하는 것은 타인을 배려하는 사려 깊은 행동이다. 그렇지만 도가 지나쳐서 남의 눈치를 보는 수준이라면, 자신의 행복을 남의 의미 없는 시선보다 뒷전으로 미루는 바보 같은 행동이 될 수 있다. 다른 사람의 말보다는 자신의 생각과 행복을 우선하는 것은 이기적이거나 잘못된 것이 아니다. 스스로의 마음에 집중하는 자연스러운 일이다.

물론 살다 보면 타인의 시선이나 의견과 충돌하는 부분이 생기기 마련이다. 그러나 내 마음도 뜻대로 되지 않는 세상에 어떻게 남의 생각을 바꿀 수 있겠는가. 어차피 그것은 그 사람의 생각이지, 내 생각이 되어야 하는 것은 아니다. 불필요한 요소는 한 귀로 듣고 한 귀로 흘려버리는 것도 필요하다. 물론 이것도 상당한 훈련이 필요한 일이다. 오히려 배짱 좋게 "그래서 어쩌라고?"를 외치고 나면 마음의 평화가 찾아올 것이다.

상처보다 응원에 집중하자

학교에서는 친구, 직장에서는 동료, 결혼해서는 가족과 친척들까지. 사람은 태어나서 죽는 날까지 타인과 관계를 맺으며 살아간다. 깊은 산속에서 평생 홀로 살지 않는 한 우리는 인간관계에서 완벽하게 자유로울 수 없다. 그래서 타인과의 관계가 내 삶에 미치는 영향도 적지 않다. 그 관계는 우리를 웃게 하고 행복하게 만들기도 하지만, 때로는 상처와 배신감을 안기기도 한다.

아무리 성격이 좋은 사람이라도 모든 사람과 원만하게 지내는 것은 불가능하다. 아이러니하게도 애초에 불가능하다는 것을 알면서도 우리는 그 일을 해내려고 기를 쓰고 노력한다. 그 과정에서 힘들어하고 마음에 상처를 입기도 한다. 특히 타인이 별 생각 없이 툭 던지는 말과 행동에 민감하게 반응하는 사람일수록 마음을 다칠 확률이 높다. 더욱 기가 막히는 일은 내가 마음의 상처를 입었다는 사실을 당사자는 잘 모른다는 것이다. 이보다 억울하고 분한 일이 또 있을까.

타인에게 상처를 입히는 사람이 늘 나쁜 의도를 가지고 있는 것은 아니지만, 자신이 던지는 말의 영향력에 무감각한 경우도 많다. 특히 "내 생각은 아니고 누가 그러던데…"라며 험담을 옮기는 사람과는 아예 손절하는 것이 낫다. 애초에 그 말을 전하는 것 자체가 자신도 그 말에 동조한다는 뜻인데, 제삼자를 내세워 전하는 것은 더 비겁한 행위다. 이와 같이 내가 하는 말도 의도와 달리 남에게 전달될 확률이 높다.

사람들은 자신의 문제점은 사소하게 여기면서 타인의 문제는 크게 부풀려 지적하는 경향이 있다. 그러나 우리의 인생은 하루하루가 소중하기에 내게 상처를 입히는 사람보다는 힘이 되어주는 사람들을 돌아보는 것이 더 행복하게 사는 방법이다. 나를 못마땅하게 보는 사람들의 기준이나 비위를 맞추려고 노력할 시간에, 나를 응원하고 사랑하는 사람들에게 한마디라도 더 건네는 것이 어떨까. 우리는 이미 그게 옳은 길이라는 걸 알고 있다.

이제 실천하기만 하면 된다.

행복은 내 안에 있다

2022년 5월에 종영한 드라마 〈나의 해방일지〉는 '해방', '추앙', '환대' 세 단어로 사람들 사이에서 큰 화두가 되었다. 사람이 365일 늘 행복할 수는 없듯이 완벽한 해방이란 애초에 존재하지 않을지도 모른다. 그럼에도 불구하고 이 드라마의 인물들은 각자 저마다의 방식으로 행복과 해방을 위해 나아가는 길을 선택한다.

어쩌면 우리는 평생 무언가로부터 해방하고자 하는 삶을 살고 있는 건 아닐까. 학생은 공부로부터, 직장인은 일로부터, 가정을 꾸리면서는 가사와 생계의 책임으로부터 자유로워지고 싶다는 생각을 누구나 해봤을 것이다. 살면서 단 한 번이라도 "아, 좋다. 이런 게 인생이지."라고 진심으로 읊조린 적이, 진정으로 해방감을 느낀 적이 있던가?

드라마의 주인공은 시간이 지나며 자신의 감정에 솔직하고 자유로워지면서 스스로를 더욱 사랑할 수 있게 된다. 아직 느껴보지 못했다면 이제부터 나의 진정한 해방을 찾아보면 어떨까. 타인의 행복을 좇기보다는 자신의 호흡과 보폭에 맞는 행복을 찾는 것, 그게 해방의 첫걸음이라고 본다.

남의 시선 의식하지 않기, 남에게 싫은 소리 듣지 않기, 내가 좋아하지 않는 일은 단호하게 싫다고 말하기 등 행복해지기 위해 해야 할 것들은 비교적 단순하고 명확하다. 그런데 실천이 어렵다. 지금껏 그렇게 살아오지 않았기 때문이다. 게다가 이처럼 타인을 의식하지 않고 내 멋대로 살다가 행여나 무슨 일이 일어나지 않을까 걱정도 된다.

솔직히 나도 마흔아홉 살까지는 그렇게 하질 못했다. 그런데 한바탕 몸과 마음이 아프고 난 뒤에는 거짓말처럼 그게 가능해졌다. 딱 한 번만 내려놓으면 된다. 그래도 아무 일도 일어나지 않는다. 그 다음부터는 훨씬 더 쉬워진다.

《스스로 행복하라》[19]에서 법정스님은 "사람에게는 저마다 자기 몫의 삶, 자기 그릇이 있습니다. 따라서 자기 그릇에 자기 삶을 채워 가며 살아야지, 남의 그릇을 넘본

다든가 자기 삶을 이탈하고 남의 삶처럼 살려고 하면 그
건 잘못 살고 있는 것입니다."라고 강조한다.

행복하게 살기 위해서는 나와 남을 비교하는 일을
멈춰야 한다. 행복을 밖에서 찾으려 하지 말고 내 마음 안
에서 찾아보자. 남들이 마음대로 내게 투영하는 기대를
신경쓰지 말고 내가 무엇을 원하는지 내면의 소리를 들
어보자. 다른 사람에게 좋은 사람이 되는 것도 좋지만, 그
이전에 나를 먼저 아껴줘야 할 의무가 있다. 내가 나를 아
끼고 사랑하지 않으면 누가 나를 아끼고 사랑하겠는가.

남들이 바보 같은 짓이라며 손가락질한다 해도 내가
바라는 삶을 사는 것이 중요하다. 그래야 내가 내 삶을 사
랑했다고 세상에 대고 당당히 말할 수 있다. 바로 오늘부
터, 남 눈치도 보지 말고 남과 비교하지도 말자. 오로지
내면에 있는 내 목소리에 귀를 기울여 보자. 행복은 그 안
에 있다.

비혼과 결혼,
어쩌면 또 다른 선택도 있다

콩깍지 씐 연인이 기대하는 미래

흔히 연애 시절에는 서로에 대한 콩깍지가 씐다고 한다. 상대가 어떤 말이나 행동을 하든 다 '내 마음의 보석'이요, '내 귀의 캔디'가 되는 것이다. 도대체 왜 이런 현상이 나타날까? 뇌 과학자들은 사랑에 빠진 뇌를 관찰하면 답이 나온다고 분석한다. 사랑에 빠지면 신경전달물질인 페닐에틸아민의 농도가 상승하여 호르몬 대사를 지배하기 때문에 이성이 마비되고 열정이 분출되어 행복감에 도취된다는 것이다. 이런 상황에서 상대의 결점이 눈에 보일 리 없다.

대부분 이런 낭만적인 연애 시절을 거쳐 결혼에 이르기도 한다. 많은 연인들은 결혼하면 지금처럼, 혹은 지금보다 훨씬 더 행복할 것이라고 믿는다. 하지만 막상 결혼하고 보면 그 행복은 저절로 주어지는 게 아니라는 사실을 깨닫게 된다.

벤자민 프랭클린은 연애와 결혼에 대한 지혜를 담아 "결혼 전에는 눈을 크게 뜨고, 결혼 후에는 눈을 반쯤 감아라."라고 말했다. 결혼 생활 역시 삶의 연장이기 때문에 노력과 지혜가 필요하다. 더욱이 평균 기대 수명이 지속적으로 늘어나면서 특별한 사유가 발생하지 않는 한 부부로서 살아가는 세월 역시 길어지게 됐다. 서로를 존중하고 이해하기 위해서 그만큼 더 많은 노력과 지혜가 필요해졌다는 뜻이기도 하다.

가장 바람직한 부부의 모습은, 한창 연애할 때엔 서로 애정하는 관계에서 결혼 후 친밀한 관계였다가 영혼의 단짝으로 진화하는 것이라고 한다. 오직 사랑만으로 결혼 생활의 복합적인 요소를 다 풀어나갈 수는 없다. 살다 보면 부부 사이에는 새로운 감정과 관계가 생겨나고, 이를 건강하게 다루는 것이 결혼의 과제 중 하나다. 부부가 연인처럼 서로 마주 보는 것뿐만 아니라, 인생의 동반자로서 같은 곳을 바라보며 삶의 일부를 공유해야 한다. 그러나 이 사실을 알면서도 쉽지 않을 때가 많다.

알랭 드 보통의 《낭만적 연애와 그 후의 일상》[20]이라는 소설을 보면, 낭만으로 충만했던 연애 기간과 달리 결혼 생활은 녹록하지 않은 현실로 그려진다. 알랭 드 보통은 결혼에 대해 "자신이 누구인지 또는 상대방이 누구인지를 아직 모르는 두 사람이 상상할 수 없고 조사하기를 애써 생략해버린 미래에 자신을 결박하고서 기대에 부풀어 벌이는 관대하고 무한히 친절한 도박"이라고 정의한다. 친절한 도박, 의미심장한 표현이다.

연애의 끝은 결혼이어야 할까

결혼 25주년을 넘긴 내가 생각했을 때 결혼 생활은 크게 세 가지 관계로 구성된다. 부부간의 관계, 부부와 부모의 관계, 부부와 자녀의 관계다. 당연히 셋 다 중요하고, 어느 한 부분이라도 부족하거나 문제가 생기면 결혼 생활이 순탄하지 못할 확률이 크다. 그래서 결혼을 하는 것도, 결혼 생활을 이어나가는 것도 간단하지만은 않은 문제다. 결혼이라는 제도를 통해 양가 부모님, 형제자매, 일가친척 등 챙겨야 할 가족이 순식간에 늘어난다. 가족 경조사 및 제사, 집안 살림과 청소 분담, 자녀 뒷바라지 등 챙겨야 할 일이 많아지는 건 말할 필요도 없다.

2022년 4월에 종영한 드라마 〈스물다섯 스물하나〉를 시청했다. IMF 경제 위기로 꿈을 빼앗긴 청춘들의 방황과 성장을 그린 이 드라마에서는 남녀 주인공의 사랑이 이뤄지지 못했다. 시청자의 원망과 아쉬움을 자아낸 결말이지만 그래서 더 현실적이라는 평을 듣기도 했다. 각자 마음에 묻어둔 첫사랑의 추억을 떠올리는 한편 사랑의 완성에 대해서도 생각해 보게 되는 드라마였다. 사랑의 종착지가 꼭 결혼이어야만 할까? 현실을 받아들이고, 조금 거리를 두고 죽을 때까지 서로를 응원하는 것, 이것 또한 아름다운 사랑일 수 있지 않을까?

10여 년 전에 같은 회사에 다니던 후배가 결혼을 꼭 해야 하느냐고 물었던 적이 있다. 그래서 세간의 말마따나 결혼은 해도 후회하고 안 해도 후회한다고 말했다. 여기에 내 의견을 보태 그래도 이왕이면 하고 후회하는 편이 낫지 않겠느냐고 덧붙였다. 적어도 경험하지 못한 일에 대해 미련이 남지는 않을 테니까. 그런데 만약 지금 그 질문을 다시 받는다면 이전과 같은 대답을 하지는 못할 것 같다. 시대가 변하며 결혼에 대한 가치관도 많이 달라졌고 결혼 적령기도 의미가 없어졌기 때문이다.

현재 30대 인구 10명 중 4명은 미혼이라고 한다. 20년 전에 비해 세 배가 늘었다. 당연히 혼인 건수도 매년 줄어들고 있다. 2021년 혼인 건수는 19만 3천 건이다. 2016년 28만 2천 건으로 30만 건을 밑돈 지 불과 5년 만에 20만 건 아래로 떨어지게 됐다. 비혼족과 무자녀 가구가 지속적으로 증가하는 것은 직업과 경제적인 문제, 육아 환경과 교육비 문제 등 시대 현실이 반영된 결과일 것이다.

누군가와 70여 년을 함께 산다는 것

결혼 자체를 희망적인 미래가 아닌 현실적인 어려움으로 바라보는 사회 분위기 속에서, 앞으로는 이혼이나 재혼에 대한 가치관도 많이 변화될 것으로 보인다. 우리나라의 전체 혼인 중에서 재혼이 차지하는 비중은 약 20% 남짓이다. 아직은 섣부른 판단일 수도 있겠지만 향후 이 비율이 꽤 늘어나지 않을까 싶다.

최근 통계를 보면 평균적인 결혼 연령은 초혼을 기준으로 남자가 33세, 여자가 31세라고 한다. 평균 수명이 백 세까지 늘어난다면 이혼하지 않은 부부가 함께 사는 시간이 70년 가까이 된다는 뜻이다. 10여 년 전까지만 하더라도 상상조차 하기 힘들었던 기간이다.

한편으론 황혼 이혼도 늘고 있다고 한다. 통계청 자료에 따르면 2021년 전체 이혼 중 17.6%가 결혼 생활을 30년 이상 유지했던 부부였다. 10년 전인 2011년보다 10.6% 포인트 증가한 수치다. 황혼 이혼 증가는 평균 수명의 연장, 가치관 변화 등에서 비롯됐을 것으로 추정되며, 향후에도 지속적으로 늘어날 것으로 보인다.

다만 황혼 이혼은 30~40여 년에 걸친 결혼 생활의 실패가 아니라 그저 종료일 뿐이다. 이혼을 했다고 해서 그동안의 결혼 생활이 무가치하다고 누가 섣불리 말할 수 있을까. 젊은 시절에 만나 긴 세월을 함께해야 하는 만큼, 앞으로의 시대에는 결혼을 꼭 한 번만 하라는 법도 없을지도 모른다.

같은 맥락에서 몇 해 전에 생겨난 '졸혼'이라는 말에도 공감이 간다. 오랜 세월 동안 함께 생활한 부부가 평생을 같은 공간에서 함께 살아야 하는 것은 아니다. 서로 배려하고 독립적인 자유로운 생활을 존중해주는 것도 백 세 인생 시대에 걸맞은 결혼 생활이 될 수 있다.

우리의 선택은 보다 자유롭다

얼마 전 대학생 딸과 대화를 나누다가, 하고 싶은 게 너무 많아서 결혼할 생각이 별로 없다는 말을 들었다. 그래서 이런 말을 해줬다. "결혼이 인생의 목표가 되어선 안 된다. 내가 하고 싶은 것 하면서 살다가 좋은 인연이 찾아오면 그때 그 사람과 사랑하고 같이 살면 된다. 그리고 그게 꼭 결혼일 필요도 없다. 앞으로의 세상은 결혼에 대한 가치관과 행태가 엄청나게 달라질 것이다."라고.

예전에는 결혼을 꼭 해야만 하는 과제처럼 여겼고, 이혼을 하면 인생이 실패한 것처럼 생각하는 경향이 있었다. 하지만 어쩌면 결혼이나 이혼은 삶을 구성하는 다양한 요소 중 하나이고, 우리 앞에는 전보다 다양한 선택지가 놓여 있다. 사랑도, 연애도, 이별도, 결혼도, 이혼이나 졸혼, 그리고 재혼도 모두 나를 위한 선택이 될 수 있다. 어쩔 수 없었던 지난 일들은 흘려보내고 앞으로 할 수 있는 선택에 대해서 심사숙고하자. 사랑하는 사람과의 미래를 설계하는 것도, 혹은 그 상대와 적당한 거리를 두고 마음을 교류하는 것도, 또 어떤 사람과 인연을 마무리하는 것도 내 행복을 만드는 길이 될 수 있다.

　인생이라는 긴 여정에서 좋은 선택을 하기 위해 꼭 강조하고 싶은 건 이 세상에 '완벽한 행복'이란 없다는 점이다. 어떤 선택도 살아갈 모든 날들의 행복을 보장해 주지 않는다. 그러니 선택과 후회를 두려워하기보다는 지금 내 마음이 원하는 것에 귀를 기울여 보자. 지금 이 순간이야말로 두 손으로 꼭 붙잡고 소중히 간직해야 하는 시간이다.

70년을 함께할 배우자와
편하게 대화하는 기술

배우자에게 이 말을 자주 듣는다면

"여보, 내 얘기 들었어요?"와 "우리 얘기 좀 해요."는 아마 40~50대 기혼 남성들이 배우자에게 가장 자주 듣는 말 중 하나가 아닐까 싶다. 나도 이전에 자주 들었던 말이다. 그런데 정말 다행스럽게도 쉰 즈음에 큰 깨달음을 얻고 두 가지를 바꿨더니 그 이후로는 이 말을 거의 들은 적이 없다. 그 두 가지에 대해서는 이 글의 마지막 부분에서 밝히겠다.

지금 와서 생각해 보면 과거의 내가 참 이해되지 않는다. 100분 토론을 하자는 것도 아니고 고작 10분 남짓한 일상적인 대화인데, 뭐가 그리 바쁘다고 배우자와의 대화에 집중하지 못하고 살았을까. 기껏 대화를 나누면 그 대답은 또 어떠했던가. "어, 그래요. 당신이 알아서 해요."

게다가 얘기 좀 하자는 제안을 들으면 선뜻 대화에 응하기보다 마지못해 답하거나, '이번엔 또 무슨 말을 하려고 그러지?' 하는 방어 태세를 취한 적도 많다. 아무래도 대화를 하자고 하는 쪽에서는 무언가 벼르며 무거운 주제의 얘기를 시작할 가능성이 컸기 때문이다.

평소에 일상적인 대화를 자주 나눈다면 얘기 좀 하자는 비장한 말로 화두를 열 필요도 없었을 것이다. 하지만 안타깝게도 현실은 그렇지 않은 경우가 많다. 대한민국 직장인 상당수가 퇴근 후 집에서 부부간의 대화할 여유를 갖기 힘들 정도로 바쁘고 피곤한 삶을 살고 있다. 물론 그런 와중에도 충분히 대화를 많이 나누는 부부들도 있다.

내 주변에도 배우자와 대화가 잘 안된다고 답답해하는 부부들이 꽤 많은데, 사실 몇 해 전까지는 나도 대화가 잘

통하지 않는다는 느낌이 들 때가 있었다. 직간접적으로 느낀 몇 가지 원인을 생각해 보면, 일단 대화의 의도가 다르다는 점이다. 해결책을 원해서 배우자가 자신이 겪은 일에 대해 이야기하는 경우는 드물다. 그저 자신이 겪은 일과 감정을 공유하기 위해서 털어놓는 말인데, 이에 대해서 꼭 해결책을 제시하려는 사람들이 있다. 실제로 해결할 능력이 있는지와 상관없이 말이다.

이렇게 되면 문제가 발생한다. 속 시원한 해결책을 내놓을 수 없으면 버럭 화를 낼 가능성이 크다. "그래서 도대체 나보고 어쩌란 말이야?" 혹은 상대방의 의견을 물어보지도 않은 채 혼자서 결론을 내려 "그건 이렇게 저렇게 해봐."라는 일방적인 해결책을 제시한 뒤 대화를 끝내 버린다. 어느 쪽이든 말하던 사람은 황당할 수밖에 없다. 대화를 통한 감정적인 교류를 원한 것인데 상대가 결론으로 직행해 대화를 끝내 버리니 말문이 막힌다.

다른 원인은 한쪽이 꾹 참아왔던 불만을 이야기할 때, 그것을 자신에 대한 비난으로 받아들이고 피하는 경우다. 공동생활을 하다 보면 크고 작은 불만이 쌓이는 것은 당연한 일이다. 이를 해결하고자 불만을 꺼냈는데 "또 그 얘기야?"라고 핀잔을 주거나 버럭 화를 내버린다면 문제가 해결되기는커녕 감정만 상하게 된다. 그다음부터는 마음 편하게 대화를 꺼내는 것이 점점 더 어려워지는 악순환이 이어진다. 궁극적으로 그게 우리가 바라는 일인지 생각해 보자. 어떤 부부라도 이러한 대화 패턴이 반복되는 걸 원치 않을 것이다.

부부 간의 대화에도 기술이 있다

우리가 사회생활을 하면서 사람들과 대화했던 경험을 떠올려 보자. 직장 동료나 비즈니스 상대, 혹은 고객들과 대화를 나눌 때 항상 매끄럽고 원활했던가? 그렇지 않을 것이다. 그래서 일할 때는 좋은 대화를 나누기 위해 시기와 방법, 그리고 장소에 대해 미리 고민하기도 한다. 부부 사이의 커뮤니케이션도 마찬가지다. 배우자와 대화를 할 때도 좋은 시기와 방법, 장소가 있을 수 있다. 지금까지 대화가 원활하게 이루어지지 않는다고 느꼈다면 지금이라도 한 번쯤 짚어보아야 한다.

먼저 배우자가 기분이 안 좋거나 피곤하다면 대화를 하기에 적절하지 않은 때일 수 있다. 마음의 여유가 없다면 상대의 이야기를 귀담아듣는 것도, 제대로 감정을 나누기도 어렵다. 그럴 때는 다음 기회를 엿보는 지혜가 필요하다. 내가 피곤하거나 대화할 상태가 아닐 때에도 배우자가 기분이 상하지 않게 내 상태를 설명할 수 있어야 한다. 특히 배우자와 함께 의논해야 할 때라면 더욱 좋은 타이밍을 찾는 것이 중요하다. 그 시기만 잘 선택해도 대화가 매끄럽게 이어질 확률이 더 커진다.

더 중요한 대화의 방법에 대해서는 두 가지를 강조하고 싶다. 하나는 대화의 기술이고 또 하나는 경청의 기술이다. 그런데 사실 두 가지는 동일 선상에 있다. 잘 들을 수 있어야 잘 말할 수 있기 때문이다. 배우자의 말을 경청하고 공감한 후, 비난과 비판을 피하면서도 솔직하게 내 생각을 전달하는 것이 곧 대화의 기술이자 경청의 기술이다. 사람들은 흔히 '말하는 것'은 자발적·적극적 소통이고 '듣는 것'은 수동적·소극적 소통이라고 오해한다. 하지만 듣는 것 또한 자발적이고 적극적인 소통을 이루는 한 축이다. 듣는 사람의 태도와 표정은 말하는 사람에게 고스란히 읽힌다. 상대가 나의 말을 잘 듣고 있다고 생각되면 자신의 감정을 더욱 솔직하게 표현하게 되어 대화가 술술 잘 풀리게 된다.

마지막으로 대화의 장소에 대한 얘기를 하면, 특별히 분위기 좋은 카페나 로맨틱한 장소에 가야 하는 것은 아니다. 대부분의 부부가 피곤하고 바쁘다는 이유로 늘 집에서, 그것도 같은 자세로 대화한다. 그러다 보면 늘 하던 방식대로 생각하고 말하고 행동하기 때문에 대화가 잘 안될 확률이 높다. 집 앞 공원에 나가서 걸으면서 대화하는 것도 좋고, 드라이브하면서 대화하는 것도 좋다. 집에서 대화하더라도 커피나 맥주를 마시면서 한 번씩 분위기를 바꿔 보는 노력도 필요하다. 쉽지만은 않지만 나도 그렇게 하려고 꾸준히 노력하는 중이다.

덧붙이자면, 평소에 하고 싶은 이야기를 너무 참고 가슴속에 모아놓으면 시나브로 덩어리가 점점 커지게 되어서 밖으로 꺼내기가 점점 힘들어진다. 그러다 보면 "우리 얘기 좀 해요."로 말문을 열게 되고, 대화의 내용이 무거워지며 효과적인 소통이 힘들어진다.

그러니 하고 싶은 말을 마음에 쌓아 두었다가 무겁게 꺼내 상처받기보다는 그때그때 소통하는 것이 좋다. 최소한의 시기, 방법, 장소만 고려해 툭 얘기하자. 그러다 또 한바탕하면 어떤가. 국지전 전투로 끝날 일을 세계

대전급 전쟁으로 만드는 우를 범하지 않는 것이 더 지혜로운 행동이다.

나의 두 가지 변화

이제 서두에 언급했던 나의 변화 두 가지를 소개한다. 이는 아내와의 대화에서 늘 염두에 두고 노력하고 있는 부분이고, 생각보다 그 효과가 컸다. 첫째, 아내와 대화를 할 땐 하던 일을 완전히 멈추고 몸의 방향을 아내 쪽으로 돌려서 얼굴을 마주 보고 이야기한다. 그렇게만 해도 최소한의 경청하는 자세를 갖춘 셈이다. 경청은 상대의 진심을 끌어내는 가장 효과적인 방법이다. 경청하기만 해도 대화는 저절로 물 흐르듯 흘러간다. 동시에 여러 가지 일을 할 수 있는 능력자라 하더라도 대화를 할 때에는 상대방에게 집중하는 것이 기본이다.

두 번째, 아내의 말에 적극적으로 리액션하려고 노력한다. 인터넷에서 재미로 '리액션에 서툴다면 그냥 앵무새처럼 뒷말을 따라하라'는 지침이 공유되기도 하는데, 그것도 나쁘지 않은 방법이다. "나 이런 일이 있었는데, 너무 황당했어요."라는 말을 들었을 때 "어이쿠, 정말 황당했겠는데요?"라고 맞장구치는 것이다. 중요한 건 배우자의 말에 대해 평가하거나 해결책을 제시하지 말고, 그냥 그 감정을 느끼며 공감하려는 시도다. 내가 경청하고 있다는 것을 느낀다면 상대방도 자연스럽게 대화를 이어나갈 것이다.

몸에 배어 있지 않다면 어려울 수도 있다. 하지만 의식적으로 실천하다 보면 오히려 경청하는 자세가 관계의 긍정적인 시그널을 만들 수 있는 가장 쉬운 방법이라는 걸 알게 될 것이다. 부부 관계는 서로에게 익숙해서 무뎌질 수 있지만, 오랜 시간을 함께하는 만큼 지속적인 노력이 더욱 필요한 부분이다. 그리고 좋은 대화는 백 세 시대를 함께할 동반자와 애정과 신뢰를 쌓을 수 있는 가장 기본적인 시발점이다.

실버 디지털 노마드,
어디에서 살 것인가?

삶의 배경을 바꾸는 일

'어디에서 살 것인가'는 결국 '어떻게 살 것인가'와 관련
이 있다. 특히나 은퇴 후에 살고자 하는 장소는 앞으로 어
떻게 살겠다는, 삶에 대한 가치관과 방향성의 투영이기
도 하다. 자연과 함께하며 고즈넉하고 여유 넘치는 삶을
추구하는 사람이 대도시의 마천루에 살지는 않을 테니
말이다.

나이가 들면 도시를 떠나 시골살이를 하면서 농작물
이나 과수 재배를 하고 싶다는 꿈을 꾸는 사람들이 적지

않다. 영화 〈리틀 포레스트〉나 버라이어티 프로그램 〈삼시세끼〉처럼, 직접 기른 농작물로 음식을 만들고 식사를 차리는 모습은 확실히 전원생활에 대한 로망을 자극한다. 콘크리트 건물과 아스팔트로 둘러싸인 도시 생활에서 해방되고자 하는 사람에겐 시골로 삶의 배경을 바꿔보는 일도 적절한 탈출구가 될 수 있다. 물론 시골살이에도 생각보다 사전에 많은 준비가 필요하며, 배워야 할 것도 많다. 농작물 재배를 위해 고랑을 일구고, 물과 거름을 주고 병충해를 예방하는 등의 노동은 신체적으로 힘들지만 삶의 변화를 추구하는 사람에게는 오히려 심리적인 에너지를 충전할 수 있는 즐거운 일이 된다.

서툰 시골 생활에 적응하느라 고군분투하기도 하지만, 인생 후반에 경험하는 시골 생활은 대부분 꽤 만족도가 높다. 일단 숨 쉬는 공기부터 다를뿐더러, 스트레스 문제는 말할 것도 없다. 스트레스가 완전히 없지는 않더라도 도시 생활과 직장에서 받는 것과는 양적으로나 질적으로도 비교 대상이 될 수 없으니 말이다.

최근에는 완전한 시골살이가 아니라 '5도 2촌'을 누리는 사람들도 있다. 일주일에 평일 5일은 도시에서, 주말 이

틀은 시골에서 보낸다는 뜻이다. 경제적인 여유가 있는 사람은 도심에서 차로 1~2시간 떨어진 곳에 멋진 별장을 지어서 주말을 보내기도 하고, 또 어떤 사람은 폐가를 비교적 싼 값에 매매한 후 대대적으로 수리하여 직장이 있는 도시와 시골을 오가는 생활을 하기도 한다. 도시 집과 시골 집을 오가며 사는 사람의 이야기를 들어 보면 늘 여행하듯 설레는 삶을 살 수 있어서 좋다고 한다.

수년 전부터는 '한 달 살기'도 유행하고 있다. 내 주변에도 휴직 기간에 한 달 살기를 하는 지인들이 부쩍 늘었다. 국내 지역으로는 제주도를 가장 선호하는 분위기고, 도시를 떠나 전원생활을 할 수 있는 곳이라면 어디든 상관없다는 사람들도 있다. 한 달 살기는 그곳으로 덜컥 이주했다가 겪을 수 있는 낭패를 미리 방지할 수 있다는 이점도 있지만, 무엇보다 챗바퀴 돌 듯 고루한 삶에 응급조치가 된다는 장점도 있다. 게다가 며칠 간의 여행으로는 절대 알 수 없는 색다른 느낌과 매력을 경험할 수 있다. 어제까지 서울의 대형마트에서 장을 봤는데 오늘 어느 시골 마을의 시장에서 생필품을 사고 있는 모습을 떠올려 보라. 그것만으로도 특별한 이벤트처럼 느껴지지 않는가.

인생 2막에서 내가 꿈꾸는 삶

이제 불과 몇 년 후면 나는 본격적으로 인생 2막을 시작해야 한다. 어디에서 무엇을 하면서 살 것인지 꽤 오랫동안 고민했고, 이를 바탕으로 점차 실질적인 준비를 하는 중이다. 우선 서울 도심에서 계속 살고 싶지는 않다. 이전과 달리 공기 좋고 경치 좋은 곳에서 유유자적하는 삶을 누리고 싶다. 여러 가지를 고려해 내가 고른 최종 선택지는 제주도다. 적당한 시기가 되면 제주도로 이주할 계획이다. 지난 3년 동안 제주 올레길을 열심히 걸어서 완주한 데는 사전에 제주도를 충분히 경험해 보려는 목적도 있었다.

제주도에는 '연세'라는 개념이 있다. 집을 월간 단위(월세)가 아닌 연간 단위의 세를 내고 빌리는 것이다. 처음 3년 정도는 해마다 제주도 내에서 이리저리 지역을 옮겨 가며 연세로 살다가, 확실히 살고 싶은 곳이 정해지면 소박한 형태로나마 직접 설계에 참여해 내 집을 짓고 싶다. 일본의 세계적인 건축가 안도 타다오를 벤치마킹해서 서양과 동양의 건축 문화가 결합된 공간을 만들어 보겠다는 야심찬 꿈도 있다.

제주도에서 무엇을 하면서 지낼 것인지도 몇 가지 생각했다. 현재 집 거실에 넘쳐나는 책들을 모두 제주도로 옮겨서 새로 지을 집 1층에 북카페를 만들고 운영할 계획이다. 그중에는 많게는 수십 년 된 책들도 있으며 모두 나의 손때와 추억이 책장마다 묻어 있다. 그래서 북카페의 이름도 'Timeless Memory(영원한 기억)'로 미리 정해 뒀다. 북카페는 내 삶의 공간으로 활용할 뿐 매출을 올리려는 목적은 없다. 그래도 여흥 삼아 생수와 커피 정도는 팔고, 찾아오는 손님이 많아지면 저녁엔 와인도 팔아볼 의향도 있다.

매주 하고 있는 한국어교원 활동도 제주도로 지역을 옮겨 계속하려고 한다. 제주시와 서귀포시에 다문화센터가 있어서 한국어교원이나 다문화 전문가로 일할 기회가 있을 듯하다. 수년 후 즈음엔 제주도의 다문화 인구도 더 늘어날 것이기 때문에 하고자 하는 의지만 있으면 일할 곳은 충분히 있을 것이다.

실버 디지털 노마드를 꿈꾼다

'디지털 노마드(Digital Nomad)'라는 말이 있다. '디지털(Digital)'과 '유목민(Nomad)'을 합성한 조어로, 노트북이나 스마트폰 등 디지털 기기를 이용하여 시간과 공간에 제약을 받지 않고 근무하면서 생활하는 사람들을 말한다. 많은 MZ 세대가 디지털 노마드로 일하는 추세지만 꼭 그들에게만 적용되는 삶의 형태는 아닐 것이다. 50~60대도 마음먹기에 따라 공간의 제약에서 벗어나 자유롭게 일할 수 있다.

　나 역시도 디지털 시대에 걸맞게 '실버 디지털 노마드'를 꿈꾸고 있다. 매년 12월부터 2월까지 석 달 동안은 추운 겨울을 따뜻하게 보내기 위해 인도네시아 발리에 가서 '석 달 겨우살이'를 하려고 한다. 단순히 무위도식하며 놀러 간다기보다, 아무래도 나이가 들면 따뜻한 기후에서 생활하는 것이 여러모로 건강에 도움이 되기 때문이다. 또 발리에서의 생활비가 우리나라보다는 부담이 적다 보니, 건강과 가계 경제에 도움이 되는 선택이 될 수 있다고 생각한다.

　발리에서 요가와 스킨 스쿠버도 배우고, 글쓰기 앱

을 이용해 글도 쓰고, 영어로 된 책을 1권 정도는 읽을 수 있을 것 같다. 여건이 된다면 현지인이나 수많은 관광객을 대상으로 무료 한국어 교실도 운영해 보고 싶다. 충분히 가능한 일이라고 생각해 이미 틈나는 대로 발리를 공부하는 중이다.

조선시대의 실학자 이중환의 인문지리서《택리지》에는 사람이 살 만한 곳을 고르는 네 가지 기준이 제시되어 있다. 첫째는 지리(地理)가 좋아야 하고, 둘째는 그곳에서 얻을 경제적 이익 즉, 생리(生利)가 있어야 하며, 셋째로 그 고장의 인심이 좋아야 하고, 넷째로는 아름다운 산수가 있어야 한다. 이 네 가지에서 하나라도 충족시키지 못한다면 살기 좋은 땅이 아니라고 한다. 고전의 지혜를 현대사회에 적용해도 큰 무리가 없을 것 같다. 지리가 좋고, 경제적 이익을 얻을 수 있고, 인심이 좋고, 산수가 아름답다면야 더 바랄 게 있을 것인가.

유현준 교수는 자신의 저서《어디서 살 것인가》[21]에서 '어디서 살 것인가?' 하는 문제는 객관식이 아니라 서술형 답이 필요하며 심지어 정해진 정답도 없다고 한다. 나 스스로 묻고, 답하고, 채점을 해야 한다. 다만 채점 기준 중 한 가지는 전 세계 인류에 공통으로 적용될 것 같다. 바로 '행복'이다. 인생의 과업으로부터 벗어나 행복을 만끽할 수 있는 장소에서 제2의 삶을 꿈꾸는 것은 인생 후반전에 누릴 수 있는 자유이자 특권이다.

더불어 사는 삶

과거에 기대어 살지 말고
현재를 살자

혹시 내가 꼰대는 아닐까

신입 사원 시절의 부장님은 월요일부터 금요일까지 하루라도 부서 회의를 하지 않으면 입안에 가시가 돋는 분이었다. 당시의 회의 문화가 다 그렇듯 종이컵에 탄 밍밍한 믹스커피를 한 잔씩 마시면서 업무 이야기 반, 세상살이에 대한 잡담 반으로 대략 30분 동안 회의가 진행됐다.

지금도 여전하지만 그때도 '라떼(나 때)는 말이야'가 직장 상사들의 인기 레퍼토리였다. 우리 부장님 또한 본인의 경험담을 '라떼'와 함께 몇 번이나 되풀이하시곤 했다. 재미있는 점은 매번 처음 말씀하시는 것처럼 스토리에 맞춘 변화무쌍한 표정과 '허, 참…' 같은 추임새까지 똑같이 반복된다는 점이었다. 마치 연극배우가 대본에 쓰인 대로 수십 차례의 무대에서 똑같은 대사를 하는 것처럼 말이다.

한번은 이런 일도 있었다. 중요한 미팅을 앞두고 있는데, 그날따라 부장님이 유달리 말씀이 많으신 데다 이번에도 같은 경험담을 늘어놓으셨다. 급한 마음에 중간에 말씀을 끊고 불쑥 끼어들었다. "부장님! 그래서 그 다음엔 이러이러하셨고, 그 이후에 이렇게 저렇게 되셨죠?" 그러자 부장님이 눈을 휘둥그레 뜨면서 이러시는 게 아닌가. "아니, 자네가 그 이후의 일을 어떻게 그리 소상히 알고 있는가?" 부장님, 농담도 참…….

아마 이런 에피소드를 들으면 자연히 '꼰대'라는 단어가 떠오를 법하다. 꼰대는 주로 기성세대 중 자신보다 지위가 낮거나 나이가 어린 사람에게 자신의 경험을 일반화해서 일방적으로 강요하는 사람을 가리키는 의미로 사용되고 있다. 《센 세대, 낀 세대, 신세대 3세대 전쟁과 평화》[22]의 저자인 김성회 CEO리더십연구소장은 꼰대의 유형을 세 가지로 분류하기도 했다. 전형적으로 자신의 경험을 확신하는 '나 때는 말이야'의 진성 꼰대, 아닌 척하지만 자신이 정한 기준을 지키지 않는 후배에게 어느 순간 폭발해 버리는 갈대형 꼰대, 스스로 일을 잘한다는 우월 의식을 가지고 남들을 무시하는 젊은 꼰대다. 자신이 이러한 성향을 가지고 있다면 꼰망주('꼰대 유망주'의 준말)의 대열에 합류할 가능성은 매우 높다고 볼 수 있겠다.

요즘은 젊은 꼰대도 많은 만큼 꼰대가 꼭 나이가 많은 사람을 뜻하는 것은 아니다. 하지만 나이를 먹을수록 자신의 경험이 전부라고 생각하거나 그것이 유일한 정답이라고 생각하는 경우가 많아지는 것도 사실이다. 오랫동안 직장을 다니고 경험이 쌓이다 보면, 점점 연륜과 노련함도 늘어난다. 그 과정에서 무심코 나만의 생각이나 행동이 만들어지는데, 굳어진 삶의 가치관이 '꼰대질'로 발현될 수 있는 셈이다. 이처럼 자신의 주장만을 완고하게 내세우다 보면 주변 사람들, 특히 같은 회사의 부하 직원들은 십중팔구 엄청나게 피곤해진다.

나를 포함해 현재 40대 후반에서 50대 중반에 해당하는 사람들은 1990년까지만 해도 'X세대'라고 불리며 신세대 취급을 받았다. 그때만 해도 기성세대가 걸어온 길을 거부하고 파격적인 행보를 걷기도 했고 주변으로부터 너무 튄다는 핀잔도 많이 들었다. 그러던 이들이 어느덧 내가 신입사원 시절에 만났던 부장님과 비슷한 연배가 되었다. 나도 혹시나 꼰대 같은 행동을 후배들에게 하고 있지는 않을까 때때로 경각심을 갖곤 한다.

나이를 먹는다고 가치관도 늙어가야 할까

나이를 먹다 보면 점점 안전하고 안정된 길을 추구하게 되고, 성향이 보수화되기 쉽다. 윈스턴 처칠은 "25세 때 자유주의자가 아니면 심장이 없는 것이고, 35세 때 보수주의자가 아니면 머리가 없는 것이다."라고 말했다. 일반적으로 나이가 들수록 보수적안 성향이 강해지는 것이 사실이지만, 그렇다고 보수적으로 변하는 태도를 당연하게 생각해도 된다는 뜻은 아니다.

백 세 시대의 나이는 예전과는 다르다. 우리 부모님 세대에 서른이면 자녀가 서너 명 있는 게 당연했지만, 지금은 서른에 결혼을 하면 이르다고 한다. 나이의 숫자가 중요한 시대는 지났다. 청년으로 50년을 살 것인지, 노년으로 50년을 살지 생각해 봐야 한다. 이는 마음 먹기에 달렸다. 백 세 인생 시대에는 생각과 마음가짐을 보다 젊게 가지려고 노력할 필요가 있다. 경우에 따라 내 의견이 틀리고 젊은 사람의 의견이 옳기도 하다는 사실을 겸허히 인정하고 받아들일 수 있어야 한다. 그 과정에서 어떤 이유로 차이가 생기는지 이해하려는 노력을 곁들이는 것도 중요하다.

우리 자녀들이 나이들 때면 평균 수명이 백이십 세가 될 것이라고 한다. 이들은 새로운 변화에 맞서 평생 공부해야 하며, 최소 3~5개 이상의 직업을 가지게 될 것이다. 기성세대는 경험해 본 적 없을 뿐 아니라, 상상하기조차 어려운 미래다. 내가 살아본 적 없는 시대에 대해 어떻게 충고할 수 있겠는가. 자녀가 나보다 더 나은 삶을 살길 바라는 마음에 조언하고자 하는 마음은 백분 이해하지만, 의도와 달리 마음만 상할 수 있으니 꼰대가 되지 않기위해 의식적으로 노력하는 것도 필요하다.

나는 평소 말과 행동에 앞서 반드시 곱씹는 원칙 다섯 가지를 정해 두었다. 첫째, 내가 틀렸을지도 모른다. 둘째, 내가 바꿀 수 있는 사람은 없다. 셋째, 그때는 맞았지만 지금은 틀릴 수 있다. 넷째, 존경은 권리가 아니라 성취다. 다섯째, 선배만 가르침을 주는 것이 아니라 후배들에게도 배울 점이 많다.

나이를 먹는다고 생각까지 늙는 것은 아니다. 변화하는 시대에 걸맞은 방법과 내용으로 소통하면 된다. 삶의 경험과 지혜가 쌓이는 만큼 성숙해지되, 젊게 생각하고 행동하려는 노력도 게을리하지 말자. 누구도 함께 어울리고 싶지 않은 꼰대가 아니라, 존경받는 인생 선배가 되고 싶은 마음은 모두가 마찬가지 아닐까. 나와 다른 가치관을 인정해 건강하게 소통할 수 있도록 마음을 먹는 것이 멋있게 나이 먹는 첫걸음이다.

꼰대는 직장 내에만 존재하지 않는다. 나이가 들수록 집에서도 배우자나 자녀에게 꼰대가 되지 않도록 유의해야 한다. 무엇보다 자녀의 장래에 대해 충고를 할 때는 신중하게 접근하는 것이 좋다. 기성세대의 경험이 도움이 되는 부분도 분명히 있겠지만, 그렇다고 자녀들에게 롤모델이 되겠다는 기대는 버리는 것이 좋다. 이미 삶의 방식과 가치관이 너무나 달라졌기에 기성세대의 경험을 고스란히 답습하는 것이 불가능한 시대다.

변화하는 사회 속에서
내 자리를 새롭게 찾는 일

사회의 이웃이 넓어지고 있다

'비웨사 다니엘 가사마'라는 이름에서 어떤 얼굴이 떠오르는가. 이름만 보면 외국인 같지만 대한민국 국적의 청년이다. 다니엘은 원곡고등학교를 졸업해 현재는 안산시청 소속의 육상선수로 활동하고 있다. 그의 부모님은 콩고 민주공화국 출신이지만 다니엘은 우리나라에서 태어났고 어머니의 귀화로 인해 대한민국 국적을 취득했다.

다니엘의 경우가 아니더라도 우리나라는 이미 이주노동자, 결혼이민자, 북한이탈주민, 다문화 가정, 유학생, 외국 국적의 동포, 불법체류 외국인, 그리고 난민들까지 다양한 구성원으로 이루어진 다문화 사회가 되었다. 백 세 인생 시대를 맞이하는 것과 다문화 사회가 무슨 관계기 있는지 의아할 수도 있다. 그러나 이는 앞으로 맞닥뜨리게 될 중요한 사회적 변화 중 하나다. 적어도 시대의 흐름을 인지하고, 그에 따른 영향이나 변화를 고려하는 것이 좋다.

학계에서는 외국인 거주자의 비중이 전체 인구의 5%를 넘으면 다문화 사회에 진입한 것으로 본다. 국내 거주 외국인은 2019년도의 경우 전체 인구 대비 5.6%, 2020년도에는 전체 인구 대비 4.7%를 점유했다. 비중이 줄어든 이유는 코로나19로 인해 2020년의 국내 외국인 거주자 수가 줄어든 탓이다. 팬데믹 상황이 아니었더라면 최근 5년간의 추세로 볼 때 2019년 이후에도 꾸준히 증가했을 것이다.

또한 통계청 자료에 의하면, 2020년의 다문화 결혼은 1만 6천여 건으로 전체 비율의 7.6%였는데 이 역시 코로나19의 영향을 받은 수치로 2019년에는 10%를 상회했다. 2020년의 출생아 중에서 다문화 가정의 출생아 비율은 6%에 이르렀다. 우리나라의 신혼부부 열 쌍 중에 한

쌍 이상이 다문화 가정을 이루고 있다는 것이다. 더불어 저출산, 고령화 현상과 맞물려 외국인 근로자의 국내 유입도 가파르게 증가하는 추세다. 글로벌 교류의 확산과 국내 노동력 부족 현상을 감안하면 향후 국내 거주 외국인 인구는 지속적으로 늘어나게 될 것이다.

이 추세가 이어진다면 2027년에는 국내에 거주하는 외국인의 수가 우리나라 전체 인구의 10%가량인 500만 명을 넘을 것이라고 전망하기도 한다. 대한민국 인구 열 10명 중 1명이 외국인 또는 외국 출신의 한국인이라는 말이다. 우리나라는 지금까지 미국이나 유럽 등에 비해서 민족, 인종, 종교 등의 다양성으로 인한 갈등이 적은 편이었다. 하지만 향후 다문화 인구의 비중이 높아지다 보면 여태까지와는 또 다른 양상이 전개될 수도 있다. 문화나 언어 차이로 인한 오해와 편견 때문에 힘들어하거나 제도적으로 사회 정책에서 소외되는 이웃들이 생길 수도 있다.

한국어와 한국 문화를 나누는 새로운 직업

몇 년 전 대한민국의 인구 구성 변화에 대한 이야기를 접했다. 출산율 감소, 생산 가능 인구 감소, 다문화 인구 증가 등으로 정리되는 내용이었다. 이에 대해 진지하게 들여다보고 있자니, 향후 지속적으로 늘어날 국내 거주 외국인들에게 한국어와 한국 문화를 알려주는 일을 하면 좋겠다는 생각이 들었다. 나중에 기회가 되면 해외에서도 같은 활동을 해보고 싶다는 꿈도 갖게 됐다. 내 인생 2막의 준비는 이렇게 시작됐다.

2016년부터 2020년까지 꼬박 4년 동안 사이버한국외국어대학교 수업을 수강하면서 한국어교원 2급 자격증과 다문화사회전문가 2급 수료증을 획득했다. 40대 후반의 나이에 직장 생활을 하면서 강의를 듣고, 각종 과제와 시험을 치르는 건 생각보다 훨씬 힘든 일이었다. 하지만 그렇게 취득한 자격증을 바탕으로 현재 두 가지 활동을 하고 있으니, 지금 생각해도 뿌듯한 결실이다.

하나는 일요일마다 의정부외국인노동자지원센터의 한국어 교실에서 한국어교원으로 활동하는 것이다. 네팔, 태국, 필리핀, 스리랑카, 캄보디아 등 다양한 나라에서 온 외국인 근로자들에게 두 시간씩 한국말과 한국 문화를 가르친다. 사실 일요일 아침에 늘어지게 늦잠 자고 빈둥거리며 쉬고 싶은 마음도 굴뚝같다. 그렇지만 인생 2막에 하고 싶은 일을 준비하고, 다문화 사회로 접어든 세상에 도움이 된다는 보람도 느끼기 위해 매주 의정부행 전철에 몸을 싣는다.

또 하나는 한국다문화청소년협회에서 재능 기부 형식으로 하는 봉사 활동이다. 협회에서는 다문화 가정에서 자라는 청소년들이 우리 사회의 일원으로 건강하게 성장할 수 있도록 돕는 일을 한다. 또 한편으로는 청소년들을 대상으로 다문화 사회에 대한 이해를 높이는 교육 활동도 병행하고 있다. 얼마 전에는 서울시의 모 중학교 학생들을 대상으로 '다문화 사회의 이해'라는 주제의 특별 강의를 하기도 했다. 관련 자격증을 공부하면서 느꼈던 내용을 학생들과 공유할 수 있었던 의미 있는 시간이었다.

이런 활동을 하면서 기억에 남는 일이 많지만, 무엇보다 한국에서 다문화 가정을 이룬 이웃들을 많이 알게 되었다. 여기서 만난 사람 중 한국 생활이 20년 넘은 네팔 출신의 검비르 씨는 영화 〈베테랑〉과 〈히말라야〉에 출연했다고 해서 나를 놀라게 했다. 그는 첫 만남에서 대한민국의 다문화 정책에 대해 두 시간가량 열띤 토론을 펼친 후에 이렇게 말했다. "형, 나는 77년 뱀띠야. 다음부터 형이라고 부를게. 말 놓으세요." 이들이 우리 사회의 일원이 아니면 대체 무엇이란 말인가.

사회를 위한 일, 나 자신을 돕는 일

한국어교원 활동과 다문화 봉사 활동은 우리 사회에 작은 보탬이 되고 싶어 시작한 일이지만, 사실 사회 전체의 관점에서 내 역할은 정말 작고 소소할 것이다. 하지만 내 인생에서 이 일은 보람과 의미를 안겨주는 역할을 하고 있다. 전에는 생각지 못했던 새로운 시도를 통해 이전보다 더 활기차게 살아갈 수 있을 뿐만 아니라, 또 좋은 사람들을 만나고 더 나은 사회를 꿈꿀 수 있게 되었으니 말이다.

앞으로는 해외에 있는 세종학당에서 한국어교원으로 활동하고 싶은 목표가 있다. 지금부터 차근차근 준비하고 있는데, 그 과정 자체도 내 삶에 설렘을 선물해 준다. 조금만 찾아보면 돌봄, 상담, 언어 발달 지원, 다양한 교육 등 다문화 사회에서 할 수 있는 일이 제법 많다. 관심이 있다면 이중에서 자신에게 적합한 분야의 일을 찾아보는 것도 권하고 싶다.

세상은 마치 유기체처럼 살아 숨 쉬고 움직이며 성장한다. 그 안에서 살아가는 우리가 걸음을 멈춰버리면 어느 순간 주변을 아무리 둘러봐도 해석할 수 없는 일들을 접할 수 있다. 관심을 가지고 세상을 들여다보고, 변화에 발맞추어 내가 설 수 있는 자리를 찾아내는 것은 인생 후반전을 새롭게 꾸려나갈 수 있는 중요한 방법 중 하나다. 특히나 지금까지는 많은 사람들이 자신의 미래를 바라보며 살아왔을 것이다. 그런데 주변 이웃들과 사회를 위해서 내 능력을 나누는 일은 생각보다 큰 기쁨과 에너지로 돌아온다. 내가 쌓아온 경험과 준비한 능력으로 우리가 살아가는 사회와 이웃들에게 보탬이 되고, 따뜻한 마음을 나눌 수 있다면 더할 나위 없지 않을까.

우리는 지구라는 별에
잠시 머물다 가는 손님일 뿐

마지막 날을 향한 시간은 가고 있다

〈투모로우〉, 〈2012〉, 〈그린랜드〉, 〈돈 룩 업〉 등 지구 멸망의 위기를 다룬 영화들이 여럿 있다. 일부는 지구와 혜성의 충돌을, 일부는 기후 변화와 자연재해를 소재로 하고 있다. 영화에서는 전 인류가 힘을 모아 슬기롭게 위기를 극복하며 해피 엔딩을 맞이한다. 하지만 현실은 어떨까. 실제로 기후 위기는 인류의 미래를 위협하고 있다. 어쩌면 우리가 앞으로 얼마나 행복한 삶을 살아갈 수 있을지는 향후 인류가 기후 위기에 어떻게 대처하느냐에 달려 있다고 해도 과언이 아닐 것이다.

2019년 독일 베를린, 2020년 미국 뉴욕에 이어 지난 2021년 대한민국 서울에 전 세계에서 세 번째로 기후위기시계(Climate Clock)가 설치됐다. 기후위기시계는 지구온난화의 한계치, 즉 지구 평균 온도가 산업화 이전보다 1.5도 오르기까지 남은 시간을 알려주는 역할을 한다. 지금 수준으로 이산화탄소를 지속 배출한다면 인류에게 남은 시간은 고작 6년 남짓이다. 이 기후위기시계는 기후변화에 관한 정부간 협의체(IPCC)의 자료에 근거해서 탄소시계를 만든 독일 메르카토르 기후변화연구소의 정보를 반영해 정기적으로 업데이트된다. 따라서 이 시계의 날짜가 계속 줄어들기만 하는 것은 아니다. 인류가 내뿜는 이산화탄소 배출량이 늘어나면 시간이 줄겠지만, 배출량이 감소하면 반대로 시간이 늘어날 수도 있다.

전 세계가 경각심을 가져야 하는 상황이기 때문에, 지난 2015년에는 195개 나라의 정상들이 참여해 온실가스 배출량을 단계적으로 줄이는 파리기후협약을 맺기도 했다. 산업화 이전 수준 대비 지구의 평균 온도가 1.5도 이상 상승하지 않도록 하는 협약으로, 해당 내용이 적극 실천되지 않으면 지구는 돌이킬 수 없는 기후 재앙을 맞을 것으로 전문가들은 예측하고 있다.

1.5도가 가볍게 느껴질 수 있지만 이는 기후 위기에 있어 상당히 중요한 수치다. 인간 역시 체온이 36.5도에서 1.5도만 올라도 열에 들떠 정신이 혼미해지지 않은가. 지구도 마찬가지다. 지구의 평균 기온이 조금만 올라도 빙하가 녹아 해수면이 급격히 상승하고 폭염, 홍수, 산불 등 큰 재앙으로 이어질 수 있다.

예전에는 기후 위기에 대처해야 한다는 말이 막연한 슬로건처럼 느껴졌지만, 몇 년 전부터 지구 곳곳에 기상 이변이 속출하고 있다. 겨울철에도 평균 10도 안팎을 맴도는 미국 텍사스주에 영하 18도의 한파가 닥쳤다. 미국 북서부와 캐나다 서부는 여름 내내 최고 기온 40~50도를 기록했으며, 시베리아에도 30도가 넘는 폭염이 상당 기간 지속됐다고 한다. 이탈리아와 그리스도 폭염에 시달리는 한편 산불로 인해 큰 피해를 입었다. 터키나 중국에서는 일부 지역에 기록적인 홍수가 발생하기도 했다. 전 인류가 결코 간과해서는 안 되는 위기 상황이라는 방증이다.

인류가 멈추었을 때 지구가 숨을 쉰다

코로나19 팬데믹이 한창이었던 2020년부터 2021년까지 전 세계의 경제, 생산 활동이 부분적으로 잠시 멈추었다. 아이러니하게도 재앙이 발생해 인류를 휩쓸자 지구의 숨통이 트이기 시작했다. 이동 제한, 봉쇄령 등으로 사람의 발길이 뜸해진 도시는 과거의 대기질과 수질을 되찾았다. 서울도 원래 하늘이 이렇게 푸르렀나 싶을 정도로 청명한 나날이 지속됐다. 특히 전 세계적으로 화제가 되었던 이탈리아 베네치아 운하의 수질 변화와 인도의 대기질 변화는 놀라울 정도였다. 그동안 얼마나 인간이 자연과 환경을 파괴하고 있었는지 보여주며 지구 본연의 아름다움을 되찾기 시작한 것이다.

자연이 우리에게 주는 메시지는 명확하다. 인류가 자연환경을 파괴한다면, 그 대가로 자연이 인류의 생존을 위협할지도 모른다. 전 세계가 합심하여 정책적으로도 대응해야 하겠지만, 이 땅 위에서 살아가는 개개인의 노력 역시도 뒷받침되어야 할 것이다.

그 노력의 일환으로 제로 웨이스트(Zero Waste) 운동에 힘쓰는 사람들이 많아지고 있다. 제로 웨이스트 운동은 환경에 부정적인 영향을 조금이라도 덜 끼치고자 일상 속에서 발생하는 쓰레기를 최대한 줄이는 운동이다. 단 하루만 돌아보아도 우리가 생산하는 쓰레기가 엄청나게 많다. 아침에 마시는 커피기 담긴 일회용 잔부터 편의점에서 산 바나나 1개도 비닐로 포장되어 있다. 밀키트는 편리하지만 그에 비례해 플라스틱과 비닐 쓰레기가 나온다. 욕실에 비치된 샴푸와 바디워시도 결국 플라스틱 쓰레기를 남긴다.

어느 바다 위에는 인간들이 버린 쓰레기로 만들어진 섬이 생기고 있고, 그 수와 규모도 점점 커지고 있다고 한다. 그로 인해 바다를 터전으로 살아가는 해양 생물들이 고통스럽게 죽어가고 있다. 인간이 지구에 미치는 영향을 인지하고 둘러보면 우리 손이 닿기 시작한 곳마다 하나씩 파괴되고 있다는 걸 깨닫게 될 것이다. 인류의 삶이 더 편리해지고 발전하는 것도 좋지만, 그 과정에서 지구의 숨통을 막아서는 안 된다.

지구를 위해 조금 불편하더라도 작은 실천을 시작하면 어떨까. 거창하고 어렵게 생각할 필요는 없다. 일회용 종이컵이나 플라스틱 컵 대신 텀블러를 사용하고, 분리수거를 꼼꼼하게 하는 것이다. 이왕이면 친환경적인 의

류나 신발을 구매하고, 장을 볼 때는 장바구니를 들고 나가서 불필요한 비닐 사용을 줄인다. 음식을 포장할 때 직접 용기를 들고 가거나, 배달 음식 주문을 줄이는 것도 하나의 방법이 될 수 있다. 요즘에는 플라스틱 쓰레기가 남는 세정 용품 대신 샴푸바나 생분해 성분의 천연 수세미 등을 쉽게 구매할 수 있다.

다음 세대를 위해, 그리고 나를 위해

인류의 삶을 위협하는 기후 위기가 바로 코앞에 닥쳐 있는데도 여전히 강 건너 불구경하듯 여기는 사람들이 많아서 안타깝다. 어쩌면 우리가 훼손시킨 삶의 터전에서 다음 세대가 비극적인 결과를 고스란히 받아들여야 할지도 모른다. 뿐만 아니라 기후 위기는 우리의 남아 있는 삶과도 직결되는 문제다. 그동안 당연하게 누렸던 생존의 필수 요소들을 얻기 위해 앞으로는 비싼 대가를 치러야 할 수도 있다. 평균 수명은 늘어났는데 삶의 질이 떨어진다면 이 역시 비극적인 일이다. 기후위기시계는 지금도 쉬지 않고 가고 있다. 이 시곗바늘이 자정을 가리키게 할지, 시간을 되돌려 반대 방향으로 움직이게 할지 결정하는 것은 바로 우리다.

인류는 지구라는 별에 잠시 머물다 떠나는 손님일 뿐이다. 이웃집에 방문했을 때 예의를 갖추고 집을 어지럽히지 않도록 노력하는 것과 마찬가지로, 이 별에 왔을 때의 모습 그대로 남겨두고 떠날 수 있도록 좀 더 애정을 갖고 보살펴야 하지 않을까.

《천년의 수업》[23]의 저자 김헌 교수는 "자신이 어떤 길을 걷고 있는지 묻는 사람의 눈에는 또 다른 길이 보이며, 질문을 놓지 않는 사람에게는 점점 더 넓은 세상이 보인다. 스스로 묻고 생각할 줄 아는 사람은 그 어떤 위기에도 자기 나름의 답을 찾아나가 자신의 세계를 구축할 수 있기 때문"이라고 말했다. 관성적으로 환경을 해치는 소비를 할 수도 있지만, 생각하고 의식하면 분명히 더 나은 선택들이 보인다. 내가 무엇부터 시작할 수 있는지 스스로 묻고 작은 행동부터 실천해 보자.

"나 한 사람이 변한다고 해서 뭐가 달라지겠어?"라는 생각이야말로 최대의 걸림돌이다. 한 사람 한 사람이 모여 역사를 바꾼 순간들을 우리는 꽤 많이 알고 있다. 그처럼 일상 속에서 우리가 할 수 있는 일은 많다. 나는 가까운 거리는 차를 타기보다 걸어다니고, 카페에 갈 때는 텀블러를 챙기고, 물건을 사야 할 때는 이왕이면 친환경적인 소재를 사용하거나 공법에 신경 쓰는 브랜드를 선택하고 있다. '위기'라는 건, 현재의 사람들에게 잠깐 미래를 보여주며 기회를 주는 순간이기도 하다. 주어진 기회를 헛되이 내버려 돌이킬 수 없을 때 뒤늦게 후회하는 실수는 하지 않아야 할 것이다.

내 마음을 열어야
진정한 벗을 들일 수 있다

단 한 명이라도 마음을 나눌 벗이 있다면

"나는 그때, 친구라는 말이 국산 말인 줄 알았는데, 국어선생 얌생이가 친할 친(親) 자에 옛 구(舊) 자를 써서 오래 두고 가깝게 사귀는 벗이라고 썼던 게 기억난다. 억수로 멋있는 말 아이가?"

영화 〈친구〉에서 배우 유오성씨가 맡은 역할인 준석이 한 말이다. 인생을 살면서 새로운 사람을 만나고 또 멀어지는 일이 많다. '오래'와 '가깝게'를 동시에 충족하는 친구가 내 곁에는 몇 명이나 되는지 문득 생각해 보게 된다. 그리고 언젠가 찾아올 생의 마지막 순간에는 내 곁에 몇 명이나 남아 있을까?

꿈 많고 순수했던 고등학생 1학년 시절, 유안진 교수의 《지란지교를 꿈꾸며》[24]를 처음으로 읽었다. 지란지교(芝蘭之交)는 지초(芝草)와 난초(蘭草)의 교제라는 뜻으로, 벗 사이의 맑고도 고귀한 사귐을 이르는 말이다. '저녁을 먹고 나면 허물없이 찾아가 차 한잔 마시고 싶다고 말할 수 있는' 친구, '밤늦도록 공허한 마음도 열어 보일 수 있고, 악의 없이 남의 얘기를 주고받고 나서도 말이 날까 걱정되지 않는' 친구. 나에게도 그런 우정을 나눌 수 있는 친구가 있을까. 마침 밤새 비가 내리는 날이라 창밖의 빗소리에 젖은 채 평생 단 한 사람이라도 이런 친구를 만나게 되기를 소망했더랬다.

올해 103세를 맞이한 《백년을 살아보니》[25]의 저자 김형석 교수는 "가깝게 지냈던 두 친구를 십여 년 전에 보내고 난 후에는 내 인생을 사는 것 같지가 않았다. 어머니와 아내가 떠나니까 집이 텅 빈 것 같았는데 친구가 떠나니 세상이 텅 빈 것 같았다."라고 한다. 지란지교를 나눈 친구를 떠나보내는 심정이란 종자기가 세상을 떠나자

백아가 거문고의 줄을 끊은 심정과도 다르지 않을 지도 모른다.

개인적으로 친구는 많을수록 좋다는 생각이 나의 지론이다. 이와 달리 내 무덤 앞에서 진심으로 슬퍼해 줄 진정한 친구 한두 명이면 족하다고 생각하는 사람들도 있을 것이다. 그런데 그 한두 명의 친구가 나보다 세상과 먼저 작별한다면, 그 뒤에 홀로 수십 년의 세월을 더 살아야 한다면 남은 삶이 너무나 공허하지 않을까. 서로의 마음을 깊게 이해하는 소수의 벗도 물론 중요하지만, 그보다 조금 가벼운 관계로 교류하는 많은 친구들 역시 인생을 덜 고독하게 만드는 고마운 인연들이 아닌가 싶다.

그래서 나는 정례적으로 만나는 모임도 꽤 많은 편인데, 그중에는 20년이 훌쩍 넘게 이어온 모임도 있다. 물론 사는 게 바쁘다 보니 모이는 것도 마음처럼 되지 않아서 전 멤버가 한 번에 만나는 일이 쉽지는 않다. 모임을 이어가기 위해서 '매 분기 중간 달의 두 번째 화요일'처럼 날짜를 미리 정해두기도 하고, 체계적으로 회비를 걷어서 운영하기도 한다. 일부러라도 만나온 세월이 쌓이다 보니 띄엄띄엄 만나도 늘 즐겁다. 다만 오래 만난 친구들일수록 지켜야 할 선을 지키고, 배려하는 태도를 가지려고 조심한다. 독불장군 옆에 남아 있고 싶은 사람은 많지 않을 테니 말이다.

좋은 친구를 만날 시간은 충분하다

상식만천하 지심능기인(相識滿天下 知心能幾人).《명심보감(明心寶鑑)》〈교우(交友)〉편에 나오는 말로, '서로 얼굴을 아는 사람은 세상에 가득하지만 마음까지 아는 사람은 얼마나 있을까?'라는 뜻이다. 점점 개인화되어가는 현대 사회에서 서로의 마음을 들여다보고 이해하는 우정을 나누기란 쉽지 않은 일이다. 이미 자신의 곁에 그런 친구가 있다면 벌써 꽤 성공한 인생이라 자부해도 좋을 것 같다.

하지만 혹 그렇지 못하다고 해도 실망하거나 조급할 필요는 없다. 아직 좋은 친구를 만날 시간은 충분하기 때문이다. 어릴 때 사귄 친구만 진정한 친구라는 법은 없다. 새롭게 만나는 사람과 친구가 될 수도 있고, 이미 가볍게 알고 지내던 사람과 어떤 계기로 우정이 깊어지기도 한다. 특히나 백 세 시대에는 왕성하게 사회 활동을 하는 기간이 늘어나는 만큼 새로운 배움터나 직장, 봉사 활동, 취미 활동, 여행지 등 다양한 장소에서 여러 세대의 사람들이 섞여 만날 가능성도 커졌다. 새로운 인연들을 만날 기회도 상대적으로 많아졌다는 뜻이다.

또래끼리만 친구가 될 수 있다는 고정관념을 깨뜨리면 나이 차를 넘어서는 우정을 나눌 수도 있다. 앞 세대는 뒷 세대에게 먼저 경험한 세상에 대한 지혜를 전해줄 수 있고, 뒷 세대는 앞 세대에게 빠르게 변화하는 세상에 대해 새로운 지식을 알려줄 수 있다. 마음을 열고 서로를 대한다면 마음을 나누고 교류하는 즐거움을 생각 이상으로 느낄 수 있을 것이다.

나도 나이 차이가 제법 나는 후배들이 속해 있는 모임이 몇몇 있다. 개중에는 띠 동갑 이상으로 어린 멤버들도 있는데, 모두들 자신의 삶에 최선을 다하는 사람들이라 나이와 무관하게 배울 점이 많다. 세상 돌아가는 이야기도 그들의 관점에서 들어보면 또 다르게 들린다. 내가 몰랐던 다양함, 변화무쌍함, 의외성이 있어서 그들과 이야기를 나누는 시간이 늘 즐겁다. 이 친구들을 만나는 동안에는 시간이 멈춘 듯 내 나이도 잊게 된다. 물론 세대 차이가 없을 수는 없지만, 서로가 살아온 세상과 가치관이 다를 수 있다는 점을 인정하는 자세만 갖춘다면 의외로 격의 없이 소통할 수 있다.

개인적으로 새로운 사람들과 만남의 장을 열기 위해서 걷기 모임, 러닝 크루, 등산 모임, 산악자전거 동호회 등 다양한 레포츠 활동을 하는 모임을 적극 권유하고 싶다. 이 활동들로 체력을 다지고 스트레스를 날려버리며, 동시에 여러 사람들과 즐겁게 얘기하고 웃는 건 확실한 삶의 원동력이 된다. 매번 똑같은 패턴대로 술, 커피, 밥만 먹는 것보다는 함께할 수 있는 활동이 있으면 더욱 즐겁게 관계를 다져갈 수 있으며 대화의 주제도 다채로워진다. 물론 몸으로 하는 활동뿐 아니라 생각을 나눌 수 있는 독서 모임 등도 좋을 것이다.

어떤 사람으로 기억될 것인가

《사자(死者)의 서(書)》는 고대 이집트에서 죽은 사람의 관속에 미라와 함께 넣어두는 문서로, 사후 세계의 안내서로 쓰였다. 이 문서에 따르면 모든 사람은 두 번 죽는다고 한다. 영혼이 육신을 떠날 때 한 번 죽고, 그를 기억하는 마지막 사람이 죽을 때 다시 한 번 죽는다는 것이다.

누군가가 세상을 떠났을 때 사람들에게 잊히는 속도는 저마다 다르다. 어떤 이는 그리 오래지 않아 당신을 완전히 잊어버릴 수도 있을 것이고, 또 어떤 이는 자신이 죽는 날까지 당신을 그리워할 수도 있을 것이다. 남아 있는 사람들에게 어떻게 기억될 것인지는 결국 살아있을 때 그들에게 얼마나 충실히 했는가에 달렸다. 죽은 후에는 어찌할 도리가 없다.

결국 지란지교는 당장 오늘 친구와 어떤 시간을 보냈는가에서 시작된다고 생각한다. 친구와 나눈 대화와 행동 하나하나가 우정의 발현이자 인생의 편린으로 남는다. 친한 사이일수록 만남의 매 순간은 서로를 향한 진심으로 충만해야 하며, 후회 없는 시간이 되도록 애써야 한다. 결국 그것이 모여 내 삶을 채우는 소중한 인연이 될 것이니 말이다.

어릴 때는 학교라는 공간 안에서 종일 친구들과 부대꼈지만 나이를 먹고 각자의 삶이 생기면서 물리적인 거리는 자연히 멀어졌다. 하지만 미래에는 이동 수단이 더 편리해지고 빨라질 테니, 친구들이 꼭 가까운 곳에 있어야만 할 필요는 없을 것이다. 《논어(論語)》에 유붕자원방래불역락호(有朋自遠方來 不亦樂乎)라는 말이 있듯, 오히려 멀리서 벗이 나를 찾아와 주면 얼마나 반가울까? 마음으로 이어져 있는 친구들은 내 삶을 기쁘고 풍요롭게 만들어 준다. 삶의 마지막 날까지 좋은 사람들과 함께하고 싶고, 또 그들에게 오래도록 기억되는 사람으로 남고 싶다.

시니어 모델이자 차이나탄 공동대표

지성언

[호기심 인터뷰 ③]

시니어 인플루언서의
젊게 사는 비결은 무엇일까?

워낙 다방면으로 활동이 많다. 본인 소개를 한다면?

30년 동안 중국에서 일한 경험을 바탕으로 현재 중국
어학원 '차이나탄'의 공동대표로 있다. 그리고 시니어
모델 그룹인 '아저씨즈'의 일원으로 광고 촬영 등 여
러 활동을 하고 있다. 또 꾸준히 칼럼을 연재하고 있

지성연 | 30년 넘게 중국권에서 주재원과 법인장을 지낸 대표적 1세대 중국통이다. 대기업 퇴사 후 현재까지 중국어학원 '차이나탄'의 공동대표를 맡고 있으며, 뛰어난 패션 감각을 바탕으로 시니어 모델 그룹 '아저씨즈'의 멤버로 맹활약하고 있다. 평생 현역을 꿈꾸며 방송 출연, 책 출간, 칼럼 기고, 강연 등 다양한 부문에서 열정적으로 활동 중이다.

는 칼럼니스트이기도 하다. 이전부터 강연을 종종 하다가 최근에는 강의 플랫폼 '클래스 101'에 시니어들을 위한 강의를 개설했다. 아직도 하고 싶은 게 너무 많아서 오래 살아야 할 것 같다.

독특한 본인만의 나이 계산법이 있다고 들었다. 어떤 방법으로 나이를 계산하는가?

환갑을 맞이했을 때 처음으로 '아, 이제 이렇게 늙는구나. 예전에 생각했던 할아버지 나이네'라는 생각이 들면서 살짝 속이 상했다. 그러다가 문득 '난 아직 젊은데 이렇게 죽을 순 없어' 하는 마음을 먹고 그때부터 오히려 1년에 한 살씩 빼고 있다. 실제로 그 나이에 맞는 외모, 옷차림, 말과 행동을 유지하기 위해서 건강과 식단을 관리하고 트렌드를 공부하며 힘쓰는 중이다. 이런 생각의 전환과 긴장감이 삶을 더욱 활기차고 건강하게 유지해 주는 것 같다. 나만의 나이 계산법을 따르면 곧 40대로 진입한다. 이렇게 생각하니 너무 가슴이 설렌다.

대기업 임원에서 스타트업에 합류했는데, 그렇게 된
계기와 소감은?

사실은 대기업에서 중국 지사 법인장으로 임원직을
맡았다가 잘렸다. 그런데 딱 3초만 슬펐다. 솔직히 내
가 본사 사장까지 갈 것 같지는 않았고, 백 세 인생 시
대에 맞게 새로운 시도와 변화를 꾀하고 싶은 마음이
있었다. 막상 시도할 엄두가 나지 않았는데 회사에서
먼저 정리해 주었으니 오히려 잘 됐다 싶었다. 드디어
FA(프리 에이전트)가 되었는데 시장에서 나를 원하는 곳
이 있을지, 나의 시장가는 얼마일지 궁금하기도 했다.
　회사를 그만둔 후 미국계 여성복 회사에서 2년 정
도 일하기도 했지만 최종 정착지는 아니라는 생각이
들었다. 그러던 중 우연히 상해 유학생 출신들이 만든
스타트업 '차이나탄'을 알게 됐고 굉장한 호감을 느
껴 대표에게 같이 일해보고 싶다고 손 편지를 써서 보
냈다. 그쪽에서도 창업자인 김선우 대표가 직접 전화
를 걸어오는 등 환영하며 반겨 주었고 입사 후 인턴에
서부터 시작해 센터장을 거쳐 공동대표까지 다다르게
됐다. 비록 이전에 받던 급여와는 비교가 되지 않지만

젊은 친구들과 함께 일하고 고민하면서 오히려 더 많이 배울 수 있었고 지금도 배우고 있다. 내 삶이 한층 젊어졌다.

2019년에 《그레이트 그레이(Great Grey)》라는 책을 냈다. 제목의 'Great Grey'는 어떤 의미인가?

백 세 인생 시대가 시작되면서 장년층의 생활 방식도 달라졌다. 변화한 세상을 살아가는 새로운 세대가 나타났는데 우리 사회에서는 아직 이들을 위한 명칭이 없다. 나는 이들을 '그레이트 그레이' 혹은 '뉴 그레이'라고 부르고 싶다. 여기서 그레이트는 위대하다는 뜻이 아니라, 꼰대로 취급받지 않는 '진짜' 어른이라는 의미다.

나는 '그레이'라는 말이 무척 마음에 든다. 검은 것과도, 하얀 것과도 이어지며 뭐든 포용할 수 있는 색 같다. 어떻게 보면 애매모호한 게 아니라 엄청나게 멋진 중간 지대다. 나는 이왕이면 멋있는 그레이가 되고 싶다. 그러려면 젊은이들과의 대화에서도 적절한 소통이 가능하도록 새로운 것에 관한 공부도 하고, SNS

도 사용하고, 말과 행동도 그들이 쓰는 문법을 이해하려고 하는 등의 노력을 해야 한다.

배우 윤여정 씨가 MZ 세대의 존경을 받고 있는 이유도 비슷한 맥락이라고 생각한다. 유명인이 아닌 일반인이더라도 새 시대에 맞는 새 마음가짐과 행동이 필요하다. 나이만으로 경로 우대를 받기에 요즘 시대에 60대는 너무 젊다.

시니어 패션 인플루언서 모임 '아저씨즈'의 멤버이다.
어떤 모임인지 소개한다면?

'차이나탄' 사무실과 같은 건물에 사무실이 있던 '더 뉴 그레이' 권정현 대표가 시니어 중에서 나름 패션 스타일이 남달랐던 나를 눈여겨보고 찾아왔다. 그리고 비슷한 연령대로 구성된 모임을 만들어서 출범시켰다.

'아저씨즈'는 총 7명으로 구성된 시니어 모델 그룹이다. 내가 제일 나이가 많아서 맏형이자 리더를 맡고 있다. 함께 찍은 틱톡 영상의 평균 조회 수가 6~7백만 회다. 최고 기록으로는 조회 수 1천 7백만 회를 기록하는 등 나름 유명세를 탔다. 광고도 찍고, 화보 촬영도 하고, 가끔 방송 출연도 한다. 얼마 전에 괌으로 광고 촬영을 다녀오기도 했다.

패션 감각이 굉장하다. 시니어들을 위해 본인만의 옷 잘 입는 비법을 공개한다면?

패션에 꼭 정답이 있는 건 아니지만 내 나름의 일곱 가지 비법이 있다. 첫째, 무엇보다도 먼저 패션을 대하는 태도부터 바꿔야 한다. 패션이 젊어지고 싶으면 마음부터 젊게 가져야 한다. 회춘의 시작은 불로초나 영양제가 아니라 젊은 마음가짐이다. 둘째, 젊은 마음을 가졌다면, 이제부턴 그 마음이 이끄는 대로 젊은이들의 패션에 관심을 가져라. 그들이 현재와 미래의 주인공이고 그들이 즐겨 입는 옷이 바로 지금 유행하는 패션이다. 셋째, 요즘 젊은이들의 트렌드를 알았다면 눈으로 보기만 하지 말고, 흉내 내고 따라 하고 시도해 보라. 모방은 창조의 어머니라고 했다. 넷째, 트렌드를 알고 시도해 보겠다고 생각했다면, 이제는 지갑을 열고 패션에 투자하라. 이 세상에 공짜는 없다. 다섯째, 용감해져야 한다. 남을 너무 의식하지 말고 차라리 주위의 시선을 즐겨라. 생각보다 꽤 즐거운 일이다. 여섯째, 유행은 따르되, 기본은 잊지 마라. 클래식은 영원하다. 클래식이 빛날 수 있는 이유는 새로운 트렌드가 함께해서다. 일곱째, 시니어가 꺼리는 패션 아이템들과도 친해져라. 예를 들면 팔찌, 비니, 브라운 슈즈, 스니커즈, 청바지 등과 친해질 필요가 있다.

본인만의 삶의 철학은 무엇이며, 앞으로 어떤 도전을 계획하고 있는가?

나는 영원한 현역으로 남고 싶다. 꼭 돈을 벌기 위한 목적이 아니라 끝까지 무대 위에 남고 싶다는 뜻이다. 물론 배역은 얼마든지 바뀔 수 있다. 주연이 아닌 조연이더라도, 소위 지나가는 '행인 1'이더라도 여전히 무대 위에 서 있고 싶다.

우리 아버지가 아흔을 넘기고 돌아가셨는데 돌아가시기 직전까지도 초등학교에서 자원봉사를 하셨다. 아버지처럼 할 수 있는 일을 찾아서 충실히 하다가 죽는 것이 내가 추구하는 삶이다. 그러다 보면 부수적으로 돈이 생길 수도, 명성을 얻을 수도 있을 것이다. 궁극적으로 뒷모습이 멋진 인생의 선배로 남고 싶다.

또 정말 해보고 싶은 것 중 하나는 방송 관련 일이다. 배우보다는 토크 쇼 사회자가 되어 보고 싶다. 다양한 경력과 경험을 바탕으로 상대와 대화를 나누고 공감을 이뤄내면서 우리 사회에서 선한 영향을 끼칠 수 있는 일을 하고 싶은 마음이다.

MZ 세대에게 들려주고 싶은 메시지가 있다면?

고맙고 존경스럽다. 여러 분야에서 세계를 리드하는 모습이 너무 멋지다. 물론 우리 세대의 잣대로 보면 이해하기 어려운 면도 없지 않다. 그러나 그것을 충분히 상쇄시키고도 남을 만큼 대단한 업적과 성과를 내고 있다고 본다. 그들이 자랑스럽고, 지금 모습 그대로 쭉 나아가길 응원한다.

한 번뿐인 인생,
어떻게 살 것인가?

열정과 도전, 내 인생의 핵심 키워드

10여 년 전, 평소 존경하는 업계 선배님의 강연을 들었다. 강연 중에 무덤 앞에 놓인 비석 사진 한 장을 보여 주셨는데 그 비석에는 선배의 죽음 후에 쓰일 말이 적혀 있었다. 선배는 늘 이 말에 책임감을 갖고 부끄럽지 않은 인생을 살고자 노력한다고 하셨다. 원래도 훌륭한 선배라 생각해서 존경해 왔었는데 그날따라 선배가 거인처럼 느껴졌다. 내 인생에도 큰 영향을 끼친 순간이었다.

언젠가 내 무덤 앞에 세워질 비석에 어떤 말을 남길 것인지 미리 답할 수 있는 사람은 많지 않을 것이다. 그러나 영원히 사는 사람은 없다. 인생을 두 번 살 수 있는 사람도 없다. 그래서 한 번뿐인 인생을 '어떻게 살 것인가'는 항상 우리 삶에 중요한 화두가 된다. 마치 선물(present)처럼 주어진 오늘 하루와 현재(present)를 즐겁게 사는 데 집중하는 사람, 어제보다 나은 오늘과 오늘보다 나은 내일을 만들기 위해 열정적으로 사는 사람, 종교적 신념이나 소명 의식으로 헌신하고 이타적인 삶을 사는 사람 등 삶을 대하는 태도와 방법은 각양각색이다.

한 번쯤 이를 의식하고 내가 어떤 삶을 살고 있는지 객관적인 시각으로 돌아본 적이 있는가? '생각한 대로 사는 삶'과 '사는 대로 생각하는 삶'의 차이는 꽤 크다. 흘러가는 대로 삶을 내버려 둘 수도 있겠지만, 어떻게 살고 싶은지 대략의 방향을 설계하면 조금씩 그에 가깝게 살 수 있다. 실제로 내가 생각한 내 삶의 핵심 키워드들은 일상을 이끌고 바꿔놓았다.

내 MBTI 유형은 '대담한 통솔자'로 불리는 ENTJ다. 분석, 효율, 계획, 도전, 열정, 꾸준함 같은 단어들로 대표되는 유형이다. 그중에서도 '도전'과 '열정'은 지인들도 인정하는 내 삶의 핵심 키워드다. 나는 새로운 것을 공부하거나, 전혀 다른 분야의 사람을 만나거나, 낯선 일에 도전할 때 설렌다. '설렘'은 내 삶에 활력을 불어넣는 에너지의 원천이다. 그래서 도전, 설렘, 행복은 나에게 있어 긴밀하게 연결된 삼위일체다.

설렘을 느끼고 싶어 새로운 일에 하나씩 도전하다 보니 지금은 본 직업과 별개로 일곱 가지나 되는 부캐 활동을 하는 N잡러가 됐다. 나의 부캐는 한국어교원, 다문화 사회 전문가, 아마추어 화가, 프로 걷기러, 브런치 작가, 칼럼니스트, 강연자다. 다양한 부캐 활동으로 인해 바쁘게 살고 있지만 전혀 힘들진 않다. 모두 다 내가 좋아서 하는 일이기 때문이다.

이 일곱 가지 활동이 각각 관련성이 크지 않은 것처럼 보이지만, 사실은 서로 영향을 끼치면서 연결되어 있다. 예컨대 부캐 '프로 걷기러'는 나머지 모두에 영향을 끼친다. 건강과 체력이 뒷받침되지 않으면 아무것도 제대로 할 수가 없으니 말이다. 앞의 네 가지 부캐는 글쓰기의 소재와 강의의 소재로 활용된다. 당연히 처음부터 일곱 가지를 한꺼번에 시작한 것은 아니다. 미리 각각의 연결성을 고려한 적도 없었다. 그저 내가 좋아하는 것, 하고 싶었던 것을 평소에 메모해 놓고 자주 들여다보며 하나씩 실천하다 보니 거짓말처럼 상호작용이 일어나게 됐다. 리스트를 적을 때에는 막연한 목표이자 꿈이었던 것이 하나씩 실현되고 또 이어지는 게 참 신기했다. 또 다른 것도 얼마든지 해낼 수 있으리라는 의욕을 안겨주기도 했다.

내가 목표를 이룰 수 있었던 것은 특별한 능력이 있어서가 아니라 오로지 하고자 하는 열정과 도전 덕분이다. 이 글을 읽고 있는 독자들에게도 지금 이 순간부터 어떻게 살고 싶은지, 무엇을 하고 싶은지 일단 적어 보라고 강력히 권하고 싶다. 넷플릭스 오리지널 다큐멘터리 〈마이클 조던: 더 라스트 댄스〉에서 조던이 한 말을 덧붙여 본다.

"내 말과 행동이 모든 사람을 만족시킬 순 없다는 것을 잘 알고 있다. 나는 내 삶에 대해 장기적인 계획을 세우고 그것을 실천하고자 열정적으로 노력할 뿐이다. 나를 보고 자극을 받았다면 다행이다. 그렇지 않다면 다른 사람을 롤 모델로 삼기를 바란다."

즐거운 인생만으로는 2% 부족하다

부모가 자녀의 삶에 끼치는 영향은 매우 크다. 나 또한 부모님의 영향을 많이 받으면서 자랐다. 아버지께서는 어려운 가정 형편으로 인해 굉장히 고생을 많이 하셨다. 그래서 경제적인 어려움을 겪는 사람들을 돕는 일에 늘 적극적이셨다. 넉넉하지는 않지만 내가 조금 더 가진 것을 형편이 어려운 사람들과 나누면 기쁨도 늘고 내 삶이 풍요로워진다고 기회 될 때마다 말씀하시곤 했다.

솔직히 30대까지는 그 말씀을 귀로만 이해했다. 그런데 40대에 들어설 무렵부터 남을 위한 복을 지으면 그복이 나에게 돌아온다는 것이 마음으로 와 닿기 시작했다. 살면서 경험해 보니 세상 사는 이치가 그랬다. 당장은 남을 위해 베푸는 일인데 멀리 보면 그게 결국 내 삶을 풍요로워지게 하는 일이었다. 지금은 매월 초록어린이재단, 유니세프, 다문화청소년협회, 꿈과 나눔 등 몇몇 단체에 후원을 하고 있고 재능 기부를 비롯한 여러 형태의 봉사 활동도 꾸준히 하려고 한다.

즐겁지 않으면 인생이 아니라는 말이 있다. 즐거움을 추구해야 한다는 데에는 전적으로 동의한다. 다만 단순히 개인적인 쾌락을 추구하는 것이 즐거움의 전부는 아닐 것이다. '무엇을 통해서' 즐거움을 추구할 것인지에 대해서는 여전히 고민하게 된다. 당장의 즐거움도 좋지만 조금 더 근본적인 행복을 찾아 인생을 가치 있게 채우고 싶은 마음이다. 유시민 작가의 말처럼 일과 놀이와 사랑만으로 인생에서 누릴 가치가 있는 행복을 다 채우지는 못한다는 것을 느끼기 때문이다.

그는 《어떻게 살 것인가》[26]에서 "타인의 고통과 기쁨에 공명하면서 함께 사회적 선을 이루어나갈 때, 우리는 비로소 자연이 우리에게 준 모든 것을 남김없이 사용해 최고의 행복을 누릴 수 있다. 그런 인생이 가장 아름답고 품격 있는 인생이다."라고 말했다. 또한 그것이 바로 '연대'라고 말이다. 이 문장을 송두리째 외울 만큼 읽고 또 읽고 또 읽었다. 그리고 이젠 내 삶의 좌우명이 되었다.

내가 바라는 것에 집중해 보자

내가 인생 영화로 꼽는 〈죽은 시인의 사회〉와 〈굿 윌 헌팅〉에 나온 명대사는 개봉 후 수십 년이 지난 지금까지도 내 삶의 지침으로 새겨져 있다. 각각 'Carpe diem(오늘을 즐겨라)'와 'It's not your fault(네 잘못이 아냐)'이다.

오지 않은 미래를 미리 걱정해서 어찌할 것인가. 코로나19라는 팬데믹이 닥쳐올지, 백 세 인생 시대가 열릴지 이전에는 상상조차 하지 못했다. 내일의 일을 앞서 걱정한다고 해서 일어날 일이 일어나지 않는 것은 아니다. 충만한 인생을 몸과 마음으로 느끼며 지금을 행복하게 살아야 한다. 설령 원치 않은 일이 일어난다 한들 이는 우리의 잘못이 아니다. 대부분의 경우 그렇게 될 수밖에 없는 운명이었을 것이다. 한 차례 아파하고 안타까워했다면 이제 가슴에 묻고 잊는 것이 좋다. 지나간 과거에 얽매여 오늘을 즐기지 못하는 삶도, 내일의 행복을 위한답시고 오늘을 힘들게만 사는 삶도 지나고 보면 아까운 시간이다.

특히 오늘을 충실하게 즐기기 위해 꼭 기억했으면 하는 것은, 남에게 피해를 주는 일이 아니라면 눈치 보지 말고 정말 하고 싶은 일에 집중하자는 것이다. 나도 겉으로는 쿨한 척했지만 사실은 직장 생활을 하면서 '다른 사람이 나에 대해 어떻게 생각할까', '저 친구는 왜 이런 말을 했지?' 하며 타인과의 관계에 신경을 많이 쓰는 편이었다. 그래서 평소 일보다 사람으로 인한 스트레스를 더 많이 받았다.

그러다가 4년 전 나를 엄습해 온 우울과 불면 증상을 극복하는 과정에서 남을 너무 의식하는 불필요한 생각을 과감하게 손절하기로 했다. 단단히 마음을 먹은 뒤에도 온갖 안 좋은 상황이 상상되어 조바심이 났으나 막상 그 생각을 차단한 뒤에는 아무 일도 일어나지 않았다. 사실 내가 어떤 옷을 입고 얼마나 살이 쪘는지 남들은 아예 신경도 안 쓰거나, 내가 지나치게 신경 쓰고 있었던 일이 상대방에게는 아무것도 아닐 때도 많았다. 그걸 깨닫고나니 삶이 너무나 행복해졌다.

나는 앞으로도 남에게 폐가 되지 않는 선에서 하고 싶은 방식대로, 하고 싶은 것을 다 하면서 살기로 했다. 남들이 정해놓은 기준이 아닌 내가 정한 기준대로 살 것이다. 특히나 우리나라는 유독 나이에 어울리는 옷차림이나 행동을 정해두고 그에 따른 한계를 긋는 경향이 있는데, '그 나이에 그런 걸 하느냐'는 시선에서 자유로워질 필요가 있다. 누가 뭐라든 내 인생은 내 것이다. 내가 내린 결정으로 때로는 잘못될 수도 있고, 때로는 뜻밖의 행운으로 이어질 수도 있다. 어느 쪽이든 괜찮다. 그것이 자유로운 인생이라고 생각한다.

삶을 진심으로 대하라

세상엔 크게 두 부류의 사람이 있다. 기존에 부여된 제도를 받아들이고 그 속에서 어떻게 잘해 나갈지 집중하는 사람과 기존 제도에서 벗어나 제도 자체를 바꾸는 사람이다. 삶에 대한 가치관도 도전적인 삶과 안정적인 삶이라는 키워드로 크게 두 부류로 나눠볼 수 있을 것 같다. 다만 도전하는 삶과 안정적인 삶이 반드시 트레이드오프(Trade-Off) 관계는 아닐 것이다. 역설적으로 들릴 수 있으나, 나는 인생 2막을 준비하는 격동의 시기에는 기존의 틀을 탈피하며 과감한 도전을 통해 안정적인 미래를 확보하는 것이 올바른 길이라 믿는다.

급변하는 시대에 가장 위험한 건 아무것도 하지 않고 가만히 있는 것이라고 한다. 물론 어느 것이 정답이라거나 유일한 길이라고 할 수는 없겠지만, 나는 변화에 선제적이고 적극적으로 대응하는 쪽을 택하고 싶다. 설령 그렇지 않은 사람보다 더 많이 부딪치고 실패하더라도 말이다. 인생에는 수학 문제처럼 명확한 정답이라는 게 없다. 하지만 그래서 더 재미있는 게 아닐까? 미리 정답이 정해져 있고, 모두가 똑같이 살아가면 세상이 얼마나 시시하겠는가. 매일 똑같은 하루를 보내는 듯해도 날마다 다른 일이 생기고, 내 뜻대로만 굴러가지 않기 때문에 인생은 열심히 살 만한 가치가 있다.

법정스님은 책《스스로 행복하라》에서 "이 자리에서 순간순간을 자기 자신답게 최선을 기울여 살 수 있다면, 그 어떤 상황에서도 우리는 결코 후회하지 않을 인생을 보내게 될 것이다."라고 말씀하셨다. 최선을 다했다면 결과가 어떻든 후회가 남지 않고 오히려 홀가분해진다. 자신의 인생을 사랑하는 법을 배우자. 아직 남은 삶이 많다는 것은, 그만큼 소중하고 가치 있는 시간을 쌓을 수 있는 기회가 많이 남아있다는 뜻이다. 나이 탓을 하며 무기력하게 흘려보내기에는 너무나 길고 아까운 삶이다. 한 번뿐인 인생, 전반전과 후반전 중 어느 쪽이 더 중요하다고 저울질하는 것은 큰 의미가 없다. 이 순간 우리가 해야 할 일은, 남은 후반전이라도 있는 힘껏 행복해지는 것이다. 그래서 우리는 삶의 매 순간을 진심으로 대해야 한다.

글을 마치며

출판사 대표님으로부터 출간 소식을 전해 들었다. 1년 가량 쓴 글이 활자로 인쇄돼 나온다는 소식에 우선은 뛸 듯이 기뻤다. 다른 한편으론 이 글을 쓰기까지의 지난 4년 동안의 세월이 주마등처럼 뇌리를 스쳐 지나면서 만감이 교차했다.

4년 전 '인생은 오십부터'라는 말이 마치 마법을 부리듯 갑자기 다가와서는 나를 머리부터 발끝까지 흔들어 놓고, 일깨워줬다. 그 사이에는 말로 다 표현하기 어려울 만큼 힘들고 괴로운 시간도 있었다. 누군가를 미워하기도, 나 자신을 원망하기도 했다. 그런데 그것을 이겨내는 과정이 나를 N잡러의 길로 이끌었다. 지금은 백 세 인생 시대를 준비하는 내 모습에 더할 나위 없는 보람과 행복을 느낀다.

이 책은 '오십'이라는 나이에 내가 경험한 일을 솔직하게 쓴 것이다. 다음과 같은 생각과 의문을 지닌 분들에게 도움이 되었으면 하는 바람이다. "인생 2막 준비를 해야 하는데 어떻게 시작해야 할지 모르겠어요. 한 번뿐인 내 인생, 후회 없는 삶을 살고 싶어요. 백 세 인생 시대, 무엇이 달라지고 어떻게 준비해야 하는지요."

파킨슨병을 진단받고 난 후에 10권 이상의 책을 쓴 김혜남 작가는 "만일 내가 인생을 다시 산다면, 더 많은 실수를 저지르며 살고 싶다. 쏜살같이 지나가는 시간 속에서, 나는 더 많은 도전을 하고 웬만한 일은 두려워하지 않을 것이다. 그렇게 쌓인 경험들이 얼마나 값진지를 알기 때문이다."라고 말한다.

그래, 설령 지난 50년 동안 좀 방황하고 실수했으면 어떤가? 지금까지 열심히 삶을 일궈온 것만 해도 대단한 업적을 이룬 셈이다. 남은 인생의 후반전 50년 동안 더 도전하고, 그동안 하고 싶었던 일들을 잔뜩 저질러 볼 테야. 이런 마음가짐이 우리 삶을 행복하게, 그리고 가슴 뛰는 설렘으로 충만하게 만들어 줄 것이다.

삶을 즐겁고 행복하게 사는 방법은 '무엇을 해야 한다'는 말을 줄이고, '무엇을 하고 싶다'는 말을 늘려나가는 것부터라고 한다. 지금 하는 일을 삼산 멈추고 내기 정말 하고 싶은 게 무엇인지 떠올려 보고 실천에 옮기자. 단언컨대, 행복을 뒤로 미룰 이유는 어디에도 없다.

책이 나오기까지 힘껏 마음의 응원을 보내준 가족과 친구, 회사 동료 등 지인들에게 무한한 고마움을 전한다. 살면서 하나씩 갚을 것을 꼭 약속드린다. 특히 친구 J에게 특별한 고마움을 표한다. 출판사 포르체 박영미 대표님과 편집·마케팅 담당자분들께도 "찐" 고마움을 전한다.

2023년 여름의 문턱에서
양성필

참고문헌

1   린다 그래튼·앤드루 스콧 저, 《100세 인생》, 안세민 역, 클(2020)

2   김형석, 《백년을 살아보니》, 덴스토리(2016)

3   최진석, 《탁월한 사유의 시선》, 21세기북스(2018)

4   김낙회, 《무엇을 버리고 무엇을 지킬 것인가》, 시그니처(2017)

5   앤절라 더크워스 저, 《그릿》, 김미정 역, 비즈니스북스(2022)

6   최태성, 《역사의 쓸모》, 다산초당(2019)

7   다나카 요시오 저, 《나는 101세, 현역 의사입니다》, 홍성민 역, 한국경제신문(2021)

8   하정우, 《걷는 사람, 하정우》, 문학동네(2018)

9   김주환, 《회복탄력성》, 위즈덤하우스(2019)

10   김유진, 《나의 하루는 4시 30분에 시작된다》, 토네이도(2021)

11   게오르크 피퍼 저, 《쏟아진 옷장을 정리하며》, 유영미 역, 부키(2014)

12   와카스 아메드 저, 《폴리매스》, 이주만 역, 안드로메디안(2020)

13   김영하, 《여행의 이유》, 문학동네(2019)

14   카트린 지타 저, 《내가 혼자 여행하는 이유》, 박성원 역, 걷는나무(2015)

15 무라카미 하루키 저, 《하루키의 여행법(사진편)》, 김진욱 역, 마쓰무라 에이조 사진, 문학사상사(2013)

16 알랭 드 보통 저, 《여행의 기술》, 정영목 역, 청미래(2011)

17 김정운 저, 《바닷가 작업실에서는 전혀 다른 시간이 흐른다》, 김정운 그림/만화, 21세기북스(2019)

18 김미경, 《이 한마디가 나를 살렸다》, 21세기북스(2020)

19 법정, 《스스로 행복하라》, 샘터(샘터사)(2021)

20 알랭 드 보통 저, 《낭만적 연애와 그 후의 일상》, 김한영 역, 은행나무 (2016)

21 유현준, 《어디서 살 것인가》, 을유문화사(2018)

22 김성회, 《센 세대, 긴 세대, 신세대 3세대 전쟁과 평화》, 쌤앤파커스 (2020)

23 김헌, 《천년의 수업》, 다산북스(2020)

24 유안진, 《지란지교를 꿈꾸며》, 정민미디어(2001)

25 김형석, 《백년을 살아보니》, 덴스토리(2016)

26 유시민, 《어떻게 살 것인가》, 생각의 길(2013)

오십, 인생 후반의 즐거움을 준비하는 시간

남은 삶을 행복하게 살기 위해 반드시 알아야 할 습관

초판 1쇄 발행 2023년 06월 28일

지은이 양성필
펴낸이 박영미
펴낸곳 포르체

책임편집 김성아
편집팀장 임혜원 편집 김선아 김다예
마케팅 김채원 김현중
디자인 황규성

출판신고 2020년 7월 20일 제2020-000103호
전화 02-6083-0128 팩스 02-6008-0126
이메일 porchetogo@gmail.com
포스트 https://m.post.naver.com/porche_book
인스타그램 www.instagram.com/porche_book

여러분의 소중한 원고를 보내주세요.
porchetogo@gmail.com